Lesehefte für den Literaturunterricht

In neuer Folge herausgegeben von:
Rainer Siegle und Jürgen Wolff

Das Nibelungenlied

neu erzählt von Franz Fühmann

mit Materialien
zusammengestellt von
Isolde Schnabel

Ernst Klett Verlag
Stuttgart Düsseldorf Leipzig

Gedruckt auf Papier aus
chlorfrei gebleichtem Zellstoff,
säurefrei.

1. Auflage 1 20 19 18 17 | 2003 2002 2001 2000

Alle Drucke dieser Auflage können im Unterricht nebeneinander benutzt werden, sie sind untereinander unverändert. Die letzte Zahl bezeichnet das Jahr dieses Druckes.

Internetadresse: http://www.klett-verlag.de
Umschlag: Manfred Muraro.
Gesamtherstellung: Wilhelm Röck, Weinsberg.
ISBN 3-12-260960-6

Inhalt

Das Nibelungenlied

Wie Kriemhild am Hofe zu Worms aufwuchs

Uns ist in alten mæren wunders vil geseit
von helden lobebæren, von grôzer arebeit,
von fröuden, hôchgezîten, von weinen und von klagen,
von küener recken strîten muget ír nu wunder hæren sagen.

Viel Staunenswertes ist in den alten Geschichten auf uns gekommen: Kunde von hochberühmten Helden und ihren Taten und ihrer Not, von Festesfreuden und Jammergeschrei und den Kämpfen der Kühnen, und wer mag, kann nun von all dem hören, es werden aber wundersame Dinge darunter sein.

Es wuchs damals in Burgund ein Mädchen heran, das war so auserlesen, daß man rings in den Landen kein schöneres an Wohlgestalt finden konnte, aber auch kein schöneres an Tugend und Edelsinn. Viele Ritter begehrten sie zur Frau, und alle Mädchen beneideten sie. Sie hieß Kriemhild, und drei edle und reiche Könige beschützten sie: Gunther, Gernot und der junge Giselher, das waren ihre Brüder. Es waren dies freigebige Herren aus hohem Geschlecht, unmäßig in ihrer Kraft und prächtige Haudegen, und sie herrschten gemeinsam über ihr Land. Ihre Mutter hieß Ute, ihr Vater hieß Dankrat, ihr Hof war zu Worms am Rhein, und ihr Gefolge waren die erprobtesten Streiter: Hagen von Tronje, sein Bruder Dankwart, dann Ortwin von Metz, die hochberühmten Markgrafen Gero und Eckewart, die vordem an der Elbe gegen die Heiden gefochten hatten, der Spielmann Volker von Alzay, der Küchenmeister Rumold, der Schenke Sindold und der Kämmerer Hunold und viele andere, deren Namen heut keiner mehr kennt, doch wenn man alle ihre Taten besingen wollte, würde ein Menschenleben dazu nicht ausreichen.

Eines Nachts träumte Kriemhild, sie zähme einen wilden und schönen Falken, da kämen mit einemmal zwei Adler dahergeflogen und zerfleischten den schönen Falken, und sie hätte nie etwas Gräßlicheres gesehen. Diesen Traum erzählte sie ihrer Mutter Ute. Die aber sprach: „Der Falke, den du da gezähmt hast, das ist ein schöner und edler Mann, und Gott möge ihn wohl behüten, sonst verlierst du ihn bald!“ Da sprach Kriemhild: „Wenn Ihr solches von meinem Manne zu sagen wißt, liebste Mutter, dann will ich zeitlebens ohne Liebe bleiben, auf daß ich niemals Leid erfahre. So werde ich es fröhlich haben bis zum Tod!“ Da sagte die Mutter: „Rede nicht so daher, mein Kind, nur durch eines braven Ritters Liebe kannst du deine Schönheit dereinst auch mit Glück und Freude krönen!“ Kriemhild aber bat die Mutter, stille zu sein, und verbannte seitdem die Liebe aus ihrem Sinn, auf daß sie am Ende der Freuden nicht Leid erfahre wie so viele andre Frauen. So wollte sie das Leid überlisten. Lange Zeit hielt sie es so, und doch werdet ihr sehen, daß ein Held sie heimführt, und er wird ihr Falke aus dem Traum sein, und ihre nächsten Verwandten werden ihn erschlagen, und daraus wird eine Rache wachsen, die diesem einen Gemordeten noch vieler Mütter Söhne ins Sterben nachschicken soll.

Wie Siegfried am Hofe zu Xanten aufwuchs

Dô wuohs in Niderlanden   eins edelen küneges kint,
des vater der hiez Sigemunt,   sîn muoter Sigelint,
in einer rîchen bürge,   wîten wol bekant,
nidene bî dem Rîne: diu was ze Sántén genant.

Damals wuchs in den Niederlanden ein Königssohn auf. Sein Vater hieß Siegmund, seine Mutter hieß Sieglind, und seine Burg war zu Xanten am Unterrhein. Sein Name war Siegfried, und er war, obwohl noch jung, schon hochberühmt in allen Christenlanden, denn Siegfried hatte tollkühne Abenteuer bestanden, und alle Frauen schmachteten bewundernd zu ihm auf. Die erprobtesten Ritter wetteiferten, ihn zu unterweisen, und die vornehmsten Junker aus nah und fern drängten sich in sein Gefolge, denn er galt mit Recht als eine Zierde des Reichs und aller Ritterschaft.

So war denn auch das Fest, das Siegmund und Sieglind zu ihres Sohnes Schwertleite gaben, von nie noch gesehener Pracht. Wer immer in diesem Sommer mündig wurde, das Schwert zu empfangen, wurde nach Xanten geladen, und das waren vierhundert Knappen, und keiner war aus geringem Geschlecht. Die Feierlichkeiten währten volle sieben Tage; der Leibrock, den Siegfried trug, strotzte von Goldstücken; die Messe im Münster war von berauschendem Prunk; vom Getöse der Reiterspiele bebten die Mauern des Bergfrieds, und unter dem Andrang der Schaulustigen brachen die Tribünen; nach dem Turnier funkelte das Gras auf dem Kampfplatz von abgesprengten Edelsteinen, und wer damals arm an den Rhein gereist war, und wenn's der letzte Bärentreiber oder Feuerfresser gewesen wäre, der zog als reicher Mann wieder fort. Die Königin Sieglind wußte wohl, wie man sich und den Seinen Freunde schafft, und streute das rote Gold mit vollen Händen aus, daß es unerhört war, und Siegfried überschüttete seine Festgefährten mit Lehen und Landen, als wären es Splitter vom Speer oder Schild. Viele Vasallen hätten ihn darum gerne als Herren gesehen und stachelten ihn auch an, seinen Eltern die Krone zu entreißen. Siegfried aber lag solcher Ehrgeiz fern. Er wollte das Schwert, das er sich nun um den Leib gürten durfte, zu nichts anderem gebrauchen als zum Kampf gegen Unrecht und Missetat.

Wie Siegfried nach Worms kam

Den herren muoten selten deheiniu herzen leit.
er hôrte sagen mære wie ein scœniu meit
wære in Búrgónden, ze wunsche wol getân,
von der er sît vil vreuden und ouch árbéit gewan.

Eines Tages hörte Siegfried, daß in Burgund eine Jungfrau lebe, die sei schöner als alle Mädchen der Christenheit und wiese doch jeden ab, der ihre Hand begehre, und wäre es der Kaiser selbst. Da dachte Siegfried, sie zu freien. Bis zu dieser Stunde hatte er noch kein Herzeleid gekannt.

Siegmund und Sieglind erfuhren bald von Siegfrieds Absicht und wurden bleich, denn sie kannten König Gunthers und der Seinen Hoffart, und sie kannten vor allem Hagen von Tronjes starren Stolz. Siegfried aber wollte von seinem Willen nicht lassen. Er sagte zu seiner Mutter: „Nie heirate ich eine andere als die, die ich liebe, und ich liebe nun einmal Kriemhild. Kann ich sie nicht in Freundschaft erringen, so werde ich es eben im Kampfe tun!“

„Laß solches Gerede, mein Sohn“, sagte da Siegmund aufgebracht und ängstlich, „wenn das nach Worms getragen wird, kannst du deine Hoffnung für immer begraben! Niemand ist mächtig genug, Kriemhild mit Gewalt zu erobern, das ist bekannt. Aber wenn du schon reiten willst und dir's nicht ausreden läßt, lieber Sohn, dann reite wenigstens mit der stolzesten Heermacht; ich will für dich aufbieten, wen immer ich dazu bewegen kann!“

Da lachte Siegfried und sagte: „Mein Vater, ich will Kriemhild nicht mit Heeresmacht, ich will sie mit meinem Herzen erobern, und dazu genüge ich allein! Meinethalben will ich elf meiner Schwertleitgenossen zur Bedienung mitnehmen, mehr aber nicht!“ Da weinte Sieglind und sah ihren Sohn schon zerhauen, und auch die Mütter und Bräute der elf Auserwählten weinten und jammerten sehr. Siegfried aber sprach: „Seid unbesorgt und weinet nicht, wir kommen alle heil zurück! Schafft uns, statt daß Ihr weint, lieber Kleider und Waffen wie sie noch kein Ritter getragen, damit wir zu Worms Ehre für unser Land einlegen! Kein Stern soll heller strahlen als meine Schar beim ersten Ritt in die Welt!“

Da wurde Tag und Nacht gewebt und gewirkt und gehämmert und gekettelt und geschmiedet, und nie waren schließlich Gewänder so kostbar und Brünnen so blitzend und Helme so fest und Schilde so breit und dennoch schön! Das Zaumzeug der Rosse war schieres Gold und ihr Riemenzeug reine Seide; die Schwerter reichten den Helden bis zu den Sporen, und die geschliffene Spitze an Siegfrieds Speer war zwei Handspannen lang. So zogen die Helden nach Burgund, und überall auf dem Weg lief das Volk zusammen und starrte sie an, denn solche stattlichen Helden hatte man noch nie gesehen.

Nach einer Woche kamen die zwölf nach Worms, und auch dort lief das Volk zusammen und staunte. Die Ritter und Knappen des Hofdienstes traten, wie es sich geziemte, zu den Fremden und nahmen ihnen die Schilde und die Pferde ab. Da sie aber die Pferde in den Stall führen wollten, sprach Siegfried: „Laßt die Tiere nur stehen, wir reisen bald weiter; sagt mir nur, wo ich euren hochmächtigen König Gunther finden kann!“

Man wies ihm den Weg zum Saal; doch schneller als der Gast kam die Kunde von ihm und seiner Pracht vor den König. Der wollte gerne wissen, wer die Gäste seien, aber niemand kannte sie. Schließlich riet Ortwin von Metz, seinen Onkel, den vielgereisten Hagen von Tronje zu fragen, der kenne alle Helden der Christenheit. Man sandte nach ihm, und der treue Ritter eilte mit seinen Mannen zur Burg und erkundigte sich nach des Königs Wünschen. Da er sie erfuhr, blickte er lange aus dem Fenster auf Siegfried und dessen Schar, die sich im Burghof versammelte, und sagte schließlich: „Ich kenne die Fremden nicht, doch ich glaube, ihr Führer ist Siegfried. Ich habe ihn zwar noch nie gesehen, allein dem Aussehen nach kann es nur Siegfried sein!“

„Siegfried der Drachentöter?“ fragte König Giselher.

„Ich glaube, daß er es ist“, sagte Hagen.

„Was wißt Ihr von ihm, Freund Hagen?“ fragte König Gunther.

„Man kann ihn nicht töten“, sagte Hagen, „seine Haut ist vollständig mit Horn überzogen. Er hat sich im Blut des erschlagenen Drachen gebadet, da ist ihm ein Panzer gewachsen, der ihn unverwundbar macht. Außerdem besitzt er die Tarnhaut, mit der er sich jedem Blick entziehen kann, die hat er dem Zwerg Alberich abgenommen, dem Hüter des Nibelungenhorts, und er besitzt auch das Schwert Balmung, das schärfste aller Schwerter, die je ein Held geschwungen hat!“

„Was ist das für ein Hort?“ fragte König Gunther.

„Er liegt in einem Berg zu Nebelheim verschlossen“,

sagte Hagen, „und er ist der größte Schatz, der jemals zusammengetragen ward. Hundert Troßwagen könnten allein sein Edelgestein nicht fassen, und das rote Gold zählt keiner, dazu reichen die Zahlen nicht aus. Dieser Schatz gehörte zwei Brüdern, Schilbung und Nibelung, die lagen in Zwist miteinander und riefen Siegfried an, den Schatz zwischen ihnen zu teilen, und sie schenkten ihm vorab auch das scharfe Schwert Balmung dafür. Aber auch Siegfried konnte das Gold nicht zählen; darüber kamen sie in Streit, und Siegfried erschlug die beiden und siebenhundert ihrer Mannen, die mit ihm kämpften, und zwölf Riesen, die mit ihnen verbündet waren, und tausend Zwerge Alberichs. Dann mußte der Gnomenfürst und der Rest der Nibelungen ihrem Überwinder Treue schwören, und seitdem bewachen sie als Siegfrieds Vasallen den Hort."

„Und der Hort liegt in einem Berg vergraben?" fragte König Gunther.

„In einem Berg hinterm Eisland im nördlichsten Norden, wo die Sonne nicht scheint und die Erde nicht grünt", sagte Hagen, „und er ist der mächtigste Hort, den ein Mensch je besaß!"

„Was ratet Ihr uns zu tun?" fragte König Gunther, der zu Hagen getreten war und in den Hof hinabsah.

„Ich rate, Siegfried wohl zu empfangen", erwiderte Hagen, „wir sollten alles dransetzen, uns einen Recken wie ihn nicht zum Feind zu machen!"

„Soll ich ihm etwa entgegengehen?" fragte König Gunther.

„Ihr würdet Euch nichts damit vergeben, König Gunther", sagte Hagen, „denn Siegfried ist ein Königssohn!"

So wurde denn Siegfried mit den höchsten Ehren empfangen; der König ging ihm entgegen und führte ihn am Arm in den Saal, und die Ritter verbeugten sich vor ihm. „Ich habe nicht die Ehre zu wissen", sprach König Gunther, noch während sie durch den Saal schritten, „ich habe nicht die Ehre zu wissen, was Euch nach Worms an den Rhein führt und an meinen Hof, edler Siegfried! Wirklich, ich wäre Euch sehr gewogen, wenn Ihr meine Neugierde stilltet und mir aufrichtig sagtet, warum Ihr hergekommen seid, damit ich all Eure Wünsche erfüllen kann!"

„Das will ich gern tun, König Gunther", sagte Siegfried, „ich bin hierhergekommen, um Euch Euer Land abzunehmen! Bei uns in Xanten geht das Gerücht um, Ihr wäret der Tapferste stromauf und stromnieder, und die edelsten Rekken ständen deshalb bei Euch im Dienst! Nun gut, auch ich bin tapfer, und eine Krone stünde mir schon heute wohl an; ich will darum Eure Tapferkeit erproben und mit Euch um Burgund kämpfen, daß ich drüber herrsche, denn es gefällt mir mit seinen Städten und Burgen!"

Solche plumpe Rede war ganz unglaublich in gesitteten Landen, und König Gunther und seine Herren dachten, sie hätten nicht richtig gehört. Hatte dieser hergelaufene Flegel da wirklich gesagt, er wünsche dem König das Land wegzunehmen? Die Herren begannen zu murren, und König Gunther fragte verdutzt: „Warum sollte ich denn um etwas kämpfen, was mir rechtens gehört, da es schon meinem Vater rechtens gehört hat? Da liegt doch wahrhaftig kein Sinn darin!"

So redete König Gunther; allein Siegfried sprach: „Mein Wort ist doch leicht zu verstehn, König Gunther: Wir tun einfach unsere Reiche zusammen und machen eines daraus, ein Reich und eine Krone, und dann kämpfen wir widereinander, und wer siegt, soll das Ganze besitzen, Menschen und Land!"

Da murrten die Krieger sehr, aber Gernot sprach: „Warum sollen wir wohl miteinander kämpfen, vieledler Siegfried? Wäre es nicht schade um jeden Tropfen ritterlichen Blutes? Unsre Länder sind reich, und jedes kann einem König wohl genügen. Laß uns also Frieden wahren!"

Solche Reden mißfielen den Rittern, und Ortwin von Metz sagte aufgebracht: „Was begütigt Ihr diesen überheblichen Fant, König Gernot? Mit einem wie ihm und einem Heer seinesgleichen nehme ich's noch immer allein auf! Wir wollen hier in Burgund solche Schmach nicht dulden!" Da packte den jungen, frischgeweihten Ritter Siegfried der Zorn, daß einer ihm so schnöd widersprach. „Wie wagst du mit mir zu reden!" fuhr er drum auf, „ich bin eines Königs Sohn, du aber nur eines Königs Diener, wie könntest du dich da vermessen, die Waffe wider mich zu erheben! Aber tritt nur an, deiner zwölf erledige ich im Handumdrehen!"

Da rief Ortwin von Metz seinen Knappen zu, ihm Schwert und Schild zu bringen, und König Gunther blickte unentschlossen auf Hagen und dachte, der Tronjer würde zum Kampfe rufen, allein der Tronjer stand finster und blieb unbewegt und stumm. König Gernot aber vermittelte ein zweites Mal: „Wollet Euch mäßigen, Herr Ortwin", sprach er, „noch hat uns Siegfried nicht derart gekränkt, daß wir nicht länger verhandeln dürften, und was könnte uns größeren Ruhm einbringen als des vieledlen Siegfrieds Freundschaft?" Hagen aber sagte zu Siegfried: „Warum habt Ihr das getan? Ihr seid nach Worms gekommen, um Streit zu suchen. Weiß Gott, was daraus werden kann. Meine Herren gaben Euch keinen Anlaß dazu!"

„Oh", sagte Siegfried, „wenn Euch meine Worte nicht gefallen, so werdet Ihr Euch doch meine Herrschaft gefallen lassen müssen. Ich will Euch alle mit Gewalt unterkriegen!"

„Kein Wort dawider, ihr Herren!" rief König Gernot und trat rasch zu Siegfried und rief dabei: „Ich schlichte es alleine, mischt Euch nicht ein!" In diesem Augenblick dachte Siegfried, daß er ja hergekommen sei, um Kriemhilds Liebe zu erringen, und er begriff selbst nicht, welche wilde Lust da durch seinen Ritteranstand gebrochen war. „Überlegt doch, edler Siegfried, tapferster und kühnster aller Ritter", so redete indes König Gernot, „wem sollte ein Streit zwischen uns denn nützen? Die Besten würden in ihrem Blut liegen, und wir hätten wenig Ehre davon und Ihr wenig Gewinn! Laßt uns darum friedlich teilen: Ihr sollt mit uns leben wie unser Bruder, und alles, was unser ist, soll auch Euer sein, wenn Ihr es nur in Ehren fordert!" – „So soll es sein, und darauf wollen wir trinken!" rief nun auch König Gunther, und die Knappen schenkten Wein, und Siegfried war besänftigt und trank. So schlossen sie Blutsbrüderschaft. Von dieser Stunde an war Siegfried ein lieber Gast im Land der Burgunder; die edelsten Junker drängten sich in seine Dienste, und alle Frauen bewunderten ihn. Sogar Kriemhild sprach freundlich mit ihren Gespielinnen von dem jungen Gast aus den Niederlanden.

Sie hatte ihn einmal vom Fenster ihres Gemachs beim Turnier gesehen, und seitdem blickte sie stets aus dem Fenster, wenn Siegfried kämpfte, aber sie schaute auch zu anderer Stunde oft in den Hof hinab und wartete, ob Siegfried sich zeige. Siegfried aber dachte, wie er sich Kriemhild wohl nahen könne, denn er hatte sie, wie es Brauch war, noch nicht zu Gesicht bekommen, und das machte ihm Gram. Aber auch Kriemhild war traurig, wenn Siegfried, von Jagden oder Fahrten abgehalten, längere Zeit nicht in Worms war. Darüber verging ein ganzes Jahr.

Wie Siegfried mit den Sachsen stritt

Nu nâhten vremdiu mære   in Gúnthéres lant,
von boten die in verre   wurden dar gesant
von únkúnden recken   die in truogen haz.
dô si die rede vernâmen,   leit was in wærlîche daz.

Eines Tages nun sandten die Könige der damals verbündeten Sachsen und Dänen, die Brüder Liudeger und Liudegast, König Gunther die schlimme Botschaft, er habe zwölf Wochen Zeit, sich zu wappnen, dann bräche das Bruderpaar voll Zorn und Haß ins burgundische Land, es zu verheeren und zu unterwerfen, und wenn König Gunther dem wehren wolle, möge er sich eilends zu Verhandlungen ins Sachsenland auf den Weg machen, wozu man übrigens dringend rate, denn die Macht der vereinigten Heere sei unermeßlich. Die Boten überbrachten diese Nachricht voll Sorge, daß sie darob geschlagen oder gar gefangengesetzt würden; sie hatten sich anfangs sogar nicht in die Burg getraut und ihre Kunde unters Volk gestreut, damit sie von da aus an den Hof dringe. Allein König Gunther wußte, was sich ziemte, und tat den Herolden kein Leid und bewirtete sie nach allen Maßen der Höfischkeit. Er brachte sie auch in den besten Quartieren der Stadt unter, denn was die Antwort anbetraf, hatte er sich Bedenkzeit ausgebeten.

König Gunther machte sich nichts darüber vor, daß es

schlimm um ihn stand, und er bat Hagen und Gernot zur Beratung. Die hatten bereits seltsame Gerüchte vernommen und kamen eilends mit ihren vertrautesten Herren. Gernot sagte tapfer: „Wenn es nun einmal sein muß, dann wollen wir uns schlagen wie brave Ritter und die Herausforderung annehmen! Verhandeln wäre ehrlos, und ein Feldzug sollte uns nicht schrecken; es stirbt ja keiner, dem der Tod nicht bestimmt ist!"

Hagen aber sprach: „Das sind ungute Worte, König Gernot. Liudeger und Liudegast sind mächtige Feinde, und sie haben lange auf diesen Tag hingearbeitet. Sie sind gerüstet, und unser Heerbann ist zerstreut. In zwölf Wochen können wir ihn niemals sammeln. Wir sollten darum Siegfried zu Rate ziehen."

Das tat König Gunther. Siegfried war sehr erstaunt, als er hörte, worum es sich handelte. „Weshalb habt Ihr nicht sofort nach mir gesandt, König Gunther?" fragte er aufgebracht, „vertraut Ihr mir nicht mehr?" – „Ich habe mein Leid von deinem Frohgemut fernhalten wollen", erwiderte König Gunther. Da wurde Siegfried bleich und dann gleich wieder rot vor Erregung, und er sagte zu König Gunther: „Was wäre das für ein Ritter, der sich scheute, nach der Freude nun auch das Leid mit dem Bruder zu teilen! Wahrhaftig, Ihr denkt nicht gut von mir, König Gunther!"

Dennoch war Siegfried sofort zur Hilfe bereit. „Mögen auch ihrer dreißigtausend anrücken", so sprach er, „ich nehme es mit ihnen auf, wenn Ihr mir nur tausend Mann mitgeben könntet, König Gunther, und auch um die würde ich nicht bitten, hätte ich mehr als nur elf meiner Kameraden bei mir! Tausend Mann könnt Ihr auch in kurzer Frist versammeln, und wenn sich noch Hagen von Tronje und Ortwin von Metz zur Verfügung stellten, nach Möglichkeit auch noch die Herren Dankwart und Sindold und Volker von Alzay als Fahnenträger, so könnt Ihr um Burgund ohne Sorge sein! Des Feindes Fuß soll seine Fluren nie betreten!"

Es geschah so, wie Siegfried geraten, und das Burgunderheer setzte sich in Marsch. An seiner Spitze stand König Gernot; Quartiermeister war Hagen von Tronje; Fahnenträger Volker von Alzay; Führer der Nachhut Ortwin von Metz, und Feldherr und damit auch Führer der Vorhut und erster Kundschafter war Siegfried von den Niederlanden. König Gunther blieb in Worms zurück. Das Heer zog über Hessen hinauf nach Sachsen, das war derselbe Weg, den später der edle Herrscher der Christenheit, der große Karl, gezogen ist. Beim Abschied flossen viele Tränen, und kummervolle Sorge herrschte in Worms, was die kleine Truppe gegen die verbündeten Heere des Nordens wohl ausrichten könnte. Am meisten von allen bangte Kriemhild.

Nach wenigen Tagen hatte die Kriegsschar die Grenze erreicht. Hier wurde der Troß zurückgeschickt, denn von nun an hatte, wie es der Brauch war, das Feindesland das Heer zu ernähren, und was Mann und Roß nicht verzehrten, wurde, wie es ebenfalls Brauch war, zerstampft und verbrannt, damit die feindlichen Könige die Not des Kriegs geziemend verspürten. So zogen denn die Helden eine Spur aus Asche und Blut hinter sich her; Dörfer und Fluren gingen in Flammen auf, die Saaten wurden versehrt, die Burgen geschleift, die Mühlen zertrümmert, die Wehre zerhauen, und es war ein solches Wüsten und Brennen, daß man in Worms noch lange davon zu erzählen hatte. Indes mußte man jede Stunde gewärtig sein, auf den Gegner zu stoßen, und so ritt Siegfried zur Kundschaft aus. Er ritt allein ins feindliche Land, und wer ihm in den Weg trat, sank schnell aus dem Leben. Er war noch nicht lange unterwegs, da sah er auf einer weitgewellten Heide das Heer der Dänen und der Sachsen. Es waren ihrer vierzigtausend, vielleicht auch noch mehr. Da jauchzte des jungen Helden Herz. Zum erstenmal stand er vor dem Feind!

Nun war auch vom Heer der Gegner ein Kundschafter unterwegs, und das war kein anderer als König Liudegast von Dänemark. Sein Schild war aus purem Gold. Bald stießen die Späher aufeinander. Beim Anblick des andern hieb jeder seinem Roß die Sporen in die Weichen; jeder zersplitterte Klinge und Lanzenschaft am Schild des Gegners, der Flug der Renner war aber so ungestüm, daß die beiden dennoch aneinander vorübersausten, als rauschte Wind gegen Wind. Sie rissen ihre Pferde herum, und nun schmetterten die Schwerter aufeinander, und unter ihren Streichen sprühten Flammen. König Liudegast wehrte sich tapfer und brachte Siegfried in harte Bedrängnis, schließlich aber sank er, von drei schweren Wunden zerklüftet, aus dem Sattel und mußte sich und sein Land dem Überwinder ergeben. Siegfried wollte den König eben als Gefangenen zum Oberbefehlshaber bringen, da stoben dreißig dänische Ritter heran und fielen über den Helden her.

Es waren ihrer dreißig, und Siegfried war allein, und gerade das war nach seinem Sinn. Neunundzwanzig erschlug er, und den dreißigsten ließ er nur am Leben, daß er die Nachricht von Liudegasts Gefangennahme seinem Heerführer überbringe, und der war König Liudeger. Der blutverkrustete Helm des dänischen Ritters war Beweis genug für dessen Tapferkeit, dennoch tobte König Liudeger vor Zorn, als er hörte, daß ein einziger Kämpfer Burgunds dreißig Dänen besiegt und ihren König in Gefangenschaft abgeführt hatte. Er wußte nicht, daß Siegfried im Feld stand, und glaubte, dieser Held sei König Gernot gewesen. „Gewiß, Gernot ist tapfer und kühn“, rief Liudeger, „aber er wiegt niemals dreißig Mann auf! Das geht nicht mit rechten Dingen zu!“ Er schwor, Gernot zum Kampf zu stellen und ihn zu überwinden, dann befahl er aufzusitzen und zum Zeichen des Angriffs die Fahnentücher an die Stöcke zu binden. Zu gleicher Zeit erhob auch bei den Burgundern Herr Volker von Alzay die Fahne. Da rannten die Heere widereinander, und ein Schlachten hob an, daß der Himmel erdröhnte und kein Halm auf der Heide mehr grün und heil blieb. Rotes Blut floß aus den Helmen und Brünnen und strömte in Bächen über die Sättel, und die Erde wurde morastig davon.

König Liudeger suchte Gernot. Er sah, daß ein burgundischer Ritter mit einem Schwert eine Gasse durch die Reihen seiner Gegner hieb, und versuchte, sich zu ihm durchzuschlagen. Er brauchte viele Stunden, bis ihm das gelang, und in dieser Zeit sanken Hunderte tapferer Krieger ins Gras, denn die Burgunder wie die Sachsen und Dänen fochten mit größter Erbitterung. Schließlich hatte König Liudeger den Ritter, den er für König Gernot hielt, erreicht, und da erkannte er Siegfrieds Wappen: eine goldene Krone auf blauem Grund. Nun befahl er sofort, den Kampf abzubrechen. „Wer sich solch einem Gegner ergibt, ergibt sich in Ehren!“ sprach er. Und er fügte hinzu: „Den hat der Teufel selber nach Sachsen geschickt!“

Boten ritten den Siegern voraus. In Worms aber hatte man mit einer schnellen Niederlage gerechnet, und darum durchsauste Entsetzen die Stadt, als schon nach wenigen Wochen ein gepanzerter Reiter auf ihre Mauern zuraste. Als sich aber die Kunde von dem glänzenden Sieg verbreitet hatte, war auf den Straßen wie in der Burg des Jubels kein Ende mehr.

Kriemhild ließ den Boten, nachdem er im Saal König Gunther Bericht erstattet hatte und sich gerade zur Ruhe begeben wollte, heimlich abfangen und in ihr Gemach vor dem Bergfried führen. Sie wollte ihm dort eigentlich nur eine einzige Frage stellen, die Frage, die ihre Brust zerbrannte: Lebt Siegfried? Allein die Zucht verbot, dies ohne Umschweife zu fragen und solcherart sein Herz zu entblößen, und selbst die vertrautesten Kammerfrauen achteten streng auf Sittsamkeit. Also fragte Kriemhild den Boten scheinbar gelassen aus, wie es der Brauch war. Zunächst versprach sie ihm reiche Belohnung, wenn er gute Kunde bringe und wahr spreche und höchst genau erzähle, und der Bote, der drei Tage und Nächte im Sattel gesessen hatte, sagte dies mit einer vor Müdigkeit rauhen Stimme zu. Er hätte gern erklärt, daß es jetzt seine größte Belohnung wäre, sich auf den blanken Estrich legen und schlafen zu dürfen. Allein die Zucht gebot ihm, in artiger Haltung stehend auszuharren, und also harrte er in artiger Haltung aus.

„Mich verlangt sehr zu wissen, vieledler Ritter, ob unser glorreiches Heer den Sieg über die grimmigen Dänen und Sachsen errungen hat“, begann Kriemhild zu fragen.

„Unser glorreiches Heer hat über die grimmigen Dänen und Sachsen gesiegt, obwohl es ihrer sechzigtausend gewesen sind, vierzigtausend Sachsen und zwanzigtausend Dänen, und dem Herren des Himmels und der Erde sei Dank dafür!“ erwiderte der Bote. „Unzählige Leiber des Feinds bedecken die Walstatt, vieltausend Frauen im Sachsenland und im Dänenland weinen und schluchzen um ihre Toten, und die stolzen Könige Liudeger und Liudegast, die so freventlich den Frieden gebrochen, ziehn durch den Staub als Gefangene nach Worms!"

„Und unsere Heere, hatten sie viele Verluste?" fragte Kriemhild.

„Nur wenige Frauen und Mütter Burgunds werden trauern", entgegnete der Bote, „es sind ihrer nicht mehr als sechzig, die wir ins Feindesland haben betten gemußt!"

„Und wäre es nur einer, seiner Liebsten wäre es Leid ohne Maßen", sagte Kriemhild.

„Das ist Kriegerlos", sagte der Bote.

Er war müde, und das Kinn fiel ihm auf den Panzer. Kriemhild aber achtete nicht darauf.

„Sag mir doch", so fuhr sie fort zu fragen, „wer sich von unseren Recken besonders gut geschlagen hat, damit wir Frauen ihn gebührend ehren!"

„Es war kein Feigling im Heer von Burgund, edle Königin", erwidert der Bote, „es haben alle ihrer Ritterpflicht genügt!"

„Dies gereicht unserem Land zur Ehre", erwiderte Kriemhild, „aber hat sich denn keiner besonders hervorgetan?"

„Euer Bruder Gernot hat wie ein Löwe gekämpft", erwiderte der Bote und konnte vor Müdigkeit kaum mehr die Lippen bewegen, „er hat das Heer zum Hauptstoß geführt und einen Keil in das Sachsenheer getrieben wie das scharfe Beil in den Eichenstamm!"

„Und taten es ihm andere gleich?" fragte Kriemhild.

„Der edle Herr Hagen war nicht minder tapfer als König Gernot und hat dem Feind mächtiges Unheil gebracht", sagte der Bote, „und wie er fochten Ortwin von Metz und Volker von Alzay, doch auch die Herren Dankwart und Hunold und Sindold und Rumold haben Bäche von Blut aus den Helmen der Gegner geschlagen! Am heldenhaftesten von allen aber hat Siegfried gekämpft!"

„Der junge Held von den Niederlanden?" fragte Kriemhild und nahm alle Kraft zusammen, so unbeteiligt zu scheinen, wie es sich geziemte.

„Held Siegfried der Drachentöter, der Sohn König Siegmunds und der Königin Sieglind von Xanten am Rhein", antwortete der Bote, indes vor seinem müden Blick der Saal zu verschwimmen begann.

„Und blieb er unverwundet, der edle Siegfried?" fragte Kriemhild, und ihre Stimme zitterte.

„Er reitet heil und glänzend wie der Morgenstern an der Spitze des Heeres nach Worms zurück!" erwiderte der Bote.

„Er lebt!" schrie da Kriemhild, und Tränen schossen ihr aus den Augen, „er lebt, er lebt, der Jungfrau Maria sei Dank, er lebt!" Dies war höchst unziemlich, allein Kriemhild vermochte nicht anders, es hätte ihr sonst das Herz zersprengt. Dieser Springquell der Freude erquickte den Boten derart, daß er nun so lebendig, als hielte er wieder auf der Diepholzer Heide, von Siegfried und den Tausendundelf Taten zu erzählen begann, vom Ausritt durch Hessen und der Gefangennahme König Liudegasts bis zum Senken der Fahnen durch König Liudeger. „Wir haben den Glanz der dänischen Helme mit Blut getüncht und das Blitzen der sächsischen Brünnen mit Blut weggewaschen!" rief er aus, und Kriemhild hörte dies alles mit glühendem Gesicht, und ihr Herz war voll Glück.

„Du hast uns allen eine frohe Kunde gebracht", sagte sie, als der Bote geendet hatte, und sie versprach ihm dafür ein schönes Gewand und zehn Mark rotes Barrengold, das waren geprägt mehr Münzen, als das Heer der Burgunder Krieger gezählt. Dies war ein königliches Geschenk für eine Nachricht, bei der man noch nicht einmal hatte lügen müssen, doch ehe der Bote es entgegennehmen konnte, hatte ihn die Müdigkeit überwältigt, und er war im Stehen eingeschlafen.

Kriemhild aber und ihre Gefährtinnen eilten die Wendeltreppe hinauf zur Plattform des Turmes und spähten über die Straßen, die von frischem Grün und Blumen und wehenden Fahnen überquollen, und da ritt auch schon die Vorhut des siegreichen Heeres heran, und an ihrer Spitze ritt König Gernot, und hinter ihm ritten Hagen von Tronje und Siegfried von den Niederlanden und die Herren Dankwart und Ortwin von Metz und Rumold und Sindold und Hunold und Volker von Alzay mit der wehenden Fahne, und hinter ihnen ritten, erschöpft und müde, aber von Stolz gestrafft, die gepanzerten Krieger, und in ihrer Mitte ritten die besiegten Könige Liudegast und Liudeger und fünfhundert ihrer edelsten Herren, und schließlich folgten im Troß die Bahrwagen mit den Verwundeten und die Packwagen mit den getürmten Stapeln zerhauener Helme und zerscharteter Schilde und am Ende des Zugs, von auserwählten Knappen geführt, die herrenlosen Leibpferde der Gefallenen. So zogen die Sieger zu König Gunthers Burg, und der König eilte ihnen in den Hof entgegen und empfing sie überaus freundlich und huldvoll. Die Besiegten warfen sich vor ihm auf die Knie und gelobten, für standesgemäßes Quartier und gnädige Behandlung auch gemessen zu bezahlen, und König Gunther war, wie es sich für einen gesitteten Herrscher der Christenheit ziemte, gütig zu seinen Gegnern und bot ihnen ehrenvolle Gastfreundschaft bis zur Auslösung nach dem Friedensschluß an, ja er setzte sie sogar gegen ihr Ehrenwort, keinen Fluchtversuch zu unternehmen, auf freien Fuß.

Der König sorgte sich gebührend um seine Mannen. Den Verwundeten, auch den verwundeten Feinden, ließ er die beste Pflege gedeihen, und er bezahlte die Heilkundigen seines Hofes wohl, daß sie wirksam hülfen. Den Kriegern wurde als Quartier eine eigene Zeltstadt errichtet, und man bewirtete sie auch werktags mit Met und Wein. Die Stadt wimmelte von Gästen, burgundischen wie fremden, und trotz der großen Lasten wurde aufs trefflichste für sie alle gesorgt. Doch König Gunther dünkte dies alles noch viel zuwenig, die Sieger zu ehren. Er gedachte ein großes Fest zu feiern, jedoch zur Vorbereitung brauchte er Zeit. So beurlaubte er seine Herren für sechzig Tage, damit jeder Gelegenheit habe, daheim nach dem Rechten zu sehen und Haus und Hof wohl zu bestellen, hernach sollte jeder zum Siegesfest geladen sein. Als Siegfried davon erfuhr, wollte auch er Urlaub nehmen, um den Seinen in Xanten zu melden, daß er und seine Kameraden heil geblieben seien, so wie er es bei der Abreise vorausgesagt hatte. Allein

König Gunther fürchtete, daß Siegfried nicht mehr nach Worms zurückkehren könnte, wenn ihm ein lockendes Abenteuer über den Weg lief, und so bat er den jungen Helden zu bleiben, und Siegfried stimmte um Kriemhilds willen zu. Er hoffte sie nun endlich nach so langer Zeit einmal zu sehen. Allein er sah sie doch nicht, ehe das Siegesfest begann. Dann allerdings sollte sie ihn küssen, und es sollte Gräßliches daraus entstehn.

Wie Siegfried Kriemhild zum erstenmal sah

Man sach si tägelîchen   nu rîten an den Rîn,
die zer hôhgezîte   gerne wolden sîn.
die durch des küneges liebe   kômen in daz lant,
den bôt man sumelîchen   ross und hêrlîch gewant.

Da sich die Kunde von König Gunthers Siegesfest ausbreitete, strömten tagaus, tagein die Ritter ins burgundische Land. Der junge Giselher war bestellt, sie würdig zu empfangen, und er und sein Bruder Gernot, der ihm dabei half, vergönnten sich darüber nicht Ruhe noch Rast. Es kamen allein zweiunddreißig Fürsten und über fünftausend andre Gäste aus berühmten Geschlechtern, doch Quartier und Tafel waren selbst diesem Andrang gewachsen, und jeder, der sich einfand, erhielt zum Willkommen ein Pferd und ein prächtiges Gewand. Von der Burg breitete sich die Feststimmung über die Stadt aus wie der Schall von Glokken. Viele, die vor kurzem noch ob ihrer Wunden gestöhnt, eilten nun wieder wohlgemut herbei, und mancher, der noch nicht genesen war, ergötzte sich vom Krankenbett aus an der bunten Freude. Freilich gab es auch einige, die dafür noch zu sehr litten, doch ihr kleines Leid verging in der großen Glückseligkeit.

Die Frauen putzten sich um die Wette und kramten die kostbarsten Kleider aus ihren Truhen. Sie hofften inbrünstig, ihr Aufwand würde nicht vergeblich sein, und der König werde erlauben, daß sie sich zeigten. Auch alle Ritter erhofften das. Sie hatten viele der Mädchen noch nie zu Gesicht bekommen und schwelgten in Träumen, wie sie die Aufmerksamkeit der Schönsten wohl auf sich ziehen könnten.

Herr Ortwin von Metz machte sich zum Sprecher all dieser Hoffnungen. Er sagte zu König Gunther: „Was könnte Euer Siegesfest besser zieren als ein Reigen der schönen Frauen? Könnte es denn einen freudevolleren Anblick für einen Krieger geben? Wieviel Schönheit ist im verborgnen erblüht! Erlaubt, daß sie sich zeige!"

Nun war es König Gunther nicht entgangen, daß Siegfried oft von Kriemhild schwärmte, obwohl er sie noch nie gesehen. Darum stimmte der König sofort Herrn Ortwin zu. Er dachte auf diese Weise den Helden aus den Niederlanden inniger an Burgund zu binden. So wurden denn Frau Ute und Kriemhild mit ihren Kammerfrauen und Gespielinnen zum Fest entboten, und König Gunther stellte seiner Schwester hundert Ritter mit blankem Schwert als Ehrengarde.

Das Fest begann zu Pfingsten, und herrlicher als das Morgenrot, das im Frühjahr aus dem Nachtgewölk tritt, trat Kriemhild aus den Mauern ihres Palas, von hundert der edelsten Krieger geleitet und von hundert der edelsten Jungfrauen umkränzt. Vier Fürsten trugen die Schleppe ihres golddurchwirkten, das blaue Gewand weiß umwallenden Mantels, dessen Faltung sie mit zwei Fingern aufs zierlichste raffte, wie es die Sitte gebot. Sie schritt langsam, und ihr Rock unter dem breiten Perlengürtel schwang feierlich wie eine große wandelnde Glocke. Die Seide von Mantel und Kleid war mit Edelsteinen übersät wie der Himmel mit Sternen. Am klarsten aber blinkten ihre Augen. Ihr Gesicht war wie eine Blume. Jedem, der sie erblickte, verflog aller Kummer, und noch die grämigsten Mienen wurden licht. Nur Siegfried, da er die Königin sah, erschrak im tiefsten Herzen, und aller Mut verließ ihn. Wie könnte es je geschehen, daß solch ein Wunder mich liebte und mich umfinge? dachte er, ich bin ja gar nicht würdig, meine Augen zu ihr aufzuheben! O hätte ich sie nur nie erblickt! Wie könnte ich fortan ohne sie leben! Am besten wäre es gewesen, es hätte mich eine Klinge niedergestreckt!

O wie eitel und töricht ist doch all mein Begehren! O mein Gott, was soll denn nun werden aus mir?

Dies dachte Siegfried im tiefsten Herzen, und er stand regungslos, als wäre er auf Pergament gemalt, und er war auch wie ein edles Bild des Bewunderns wert. Die andern Ritter aber umdrängten die Frauen, und das Gedränge war groß, denn jeder wollte sie nahe sehen. Da sprach Gernot zu seinem Bruder Gunther: „Lieber Bruder, Ihr solltet Siegfrieds Hilfetat mit der höchsten Ehre vergelten! Kriemhild, die bisher noch mit keinem Mann gesprochen hat, möge ihm als erstem von allen Rittern den Willkommensgruß entbieten! Damit wird er uns gewißlich auf immer gewogen und gewonnen sein.“ Da sandte König Gunther seinen ersten Vasallen Hagen von Tronje aus, Siegfried vor die Königin zu bitten. Als Siegfried dies hörte, wußte er nicht, wie ihm geschah, und in seinem Herzen war Glück ohne Leid. Er trat vor Kriemhild, doch er wagte nicht mehr, sie anzublicken. Die Königin aber sagte, wie es die Sitte gebot: „Seid mir willkommen, Herr Siegfried, guter, edler Ritter.“ Da wurde Siegfried über und über rot, und er verneigte sich tief vor der Schönen, und sie faßte, wie es der Brauch war, seine Hand, damit er sie durchs Spalier der Neugier zum Spaziergang geleite. Plötzlich, als sie so dahingingen, fühlte Siegfried seine Hand gedrückt. Da wagte er, Kriemhild anzuschauen, und da sah er, daß auch Kriemhild auf ihn schaute. Da brachten sie ihre Blicke nicht mehr voneinander los. All dies aber geschah in Heimlichkeit.

Da sie so wandelten und Kriemhild Siegfrieds Hand gefaßt hielt, dachte mancher Ritter: Wäre ich doch an Siegfrieds Stelle, daß ich neben ihr gehen und dann bei ihr liegen könnte! Wer Augen hatte, hatte an jenem Morgen nur Augen für dieses Paar.

Nachdem die beiden voll Anstand ein Weilchen sich so ergangen hatten, standen sie wieder vor dem König. Da sagte König Gunther zu seiner Schwester: „Nun küsset unsern lieben Gast, wie es der Brauch ist! Dies soll der Dank für Siegfrieds Mühen sein!“

Da küßte Kriemhild Siegfried auf die Wangen und auf die Augen. Da wurden viele Ritter bleich vor Neid, und der

König der Dänen sprach zu Gernot: „Um dieses Kusses willen mußten viele Helden das Leben lassen! Gebe Gott, daß Siegfried nie mehr nach Dänemark kommt!“

Indessen war zum Kirchgang geläutet worden, und Siegfried mußte sich von Kriemhild trennen, denn ins Münster gingen die Herren und die Damen jedes für sich. Nach dem Gottesdienst aber sollte der Held die Schöne wieder zur Burg führen dürfen. Die Messe währte eine Ewigkeit. Endlich waren die Gläubigen entlassen, da wartete Siegfried schon auf der Treppe, daß Kriemhild erscheine. Da sie Siegfried erblickte, zögerte sie, allein König Gunther hieß sie wieder zu Siegfried treten.

„Ich will Euch nochmals danken, guter Herr Ritter, für alles, was Ihr um meiner Brüder willen getan habt!“ sprach Kriemhild, „vergelten möge es Euch Gott!“ – „Ich will Euch immerdar dienen, Euren Brüdern und Euch, meine Herrin, mein Leben lang!“ erwiderte Siegfried. In dieser Stunde fühlte er nichts als Glück.

Solange das Fest währte, blieb Siegfried Kriemhilds Begleiter. Das war zwölf Tage lang, und die Tage waren erfüllt von Frohsinn und Glanz. Die Freuden der Spiele wetteiferten mit den Freuden der Tafel, aber vielleicht waren die Freuden der Spiele doch größer. Die Herren Ortwin und Hagen ernteten dabei den meisten Ruhm. Der Eifer, es ihnen gleichzutun, war so groß, daß selbst die Verwundeten sich erhoben, um den Speer zu werfen und mit der Lanze den Schild des Gegners zu treffen. Die Könige zeigten sich allerorten und hatten für jedermann ein freundlich ehrendes Wort, und als die Gäste zum Abschied auf der Burg erschienen, beschenkte sie König Gunther ohne Maßen. Er gedachte auch die gefangenen Könige und ihre Herren zu entlassen. Sie boten ihm für ihre Freiheit so viel Gold, wie fünfhundert Packpferde schleppen können. König Gunther bat deshalb Siegfried um Rat.

„Entlaßt die Gefangenen ohne Lösung“, riet Siegfried, „und nehmt ihnen nur das Versprechen ab, fortan Frieden zu wahren. Ihr werdet damit einen größeren Schatz erwerben als Gold und Silber und Edelgestein, nämlich Freundschaft!“ So arglos war Siegfried, und König Gunther handelte nach seinem Rat. „Mir steht der Sinn nicht nach Euren Schätzen“, sprach er zu Liudeger und Liudegast, „ich habe Reichtümer im Überfluß!“

Sagte ich, daß man die Gäste beim Abschied ohne Maßen beschenkte? Es war mehr als ohne Maßen. Jeder erhielt fünfhundert Mark in rotem Gold, das war Gold, soviel als ein stattliches Reitpferd wiegt, und es waren fünftausend Gäste nach Worms gekommen. Siegfried aber blieb in Worms, und keinen wunderte das. Es ahnte aber auch keiner das Unheil, das daraus bald erwachsen sollte.

Wie Gunther nach Island zu Brünhild fuhr

Iteniuwe mære   sich huoben über Rîn.
man sagte daz dâ wære   manec scœne magedîn.
der gedâht' im eine erwerben   Gúnther der künec guot:
dâ von begunde dem recken   vil sêre hôhén der muot.

Über den Rhein kamen neue Gerüchte, die alle von unglaublich schönen Jungfrauen wissen wollten. Da entbrannte auch König Gunther in Lust, um eine solche Jungfrau zu freien. Die fabelhaftesten Dinge berichtete man von einer Königin fern über der See. Sie sollte ebenso unmäßig schön wie stark sein, und wer um sie freite, so hieß es, mußte sie im Speerwerfen, Steinstoßen und Weitspringen besiegen, und wenn er nur einmal verlor, freite er den Tod. Unzählige tapfere Helden hatten versucht Brünhild zu erobern, und alle hatten sie ihren Kopf darum geben müssen.

Nun aber sprach König Gunther: „Wohlan denn, ich will um Brünhild freien. Nie heirate ich eine andre als die, die ich liebe, und ich liebe nun einmal Brünhild. Kann ich sie nicht gewinnen, so will ich auch nicht weiterleben!“

König Gunther beriet sich deshalb mit Siegfried und Hagen. Siegfried sagte: „Laßt ab von diesem Plan, König Gunther, er kann Euch nichts Gutes bringen! Diese Fürstin ist viel zu furchtbar, als daß Ihr sie besiegen könntet!“ – „Ihr sprecht ja so, als ob Ihr sie kenntet, Herr Siegfried“, sagte

Brünhild wollte einen schönen Mann

darauf König Gunther erstaunt. „Ich kenne sie nicht", entgegnete Siegfried, „jedoch ich weiß es!" Da wandte sich König Gunther verärgert ab. Hagen aber sprach zu ihm: „So bittet doch diesen vielweisen Herrn, Euch in Eurer Not zu helfen; er hat ja gelobt, Euch stets beizustehn! Offensichtlich kennt er die Fürstin Brünhild genauer, als er uns sagen will!"

„Ich kenne den Weg zu ihr", sagte Siegfried, „und ich will Euch helfen, König Gunther, wenn Ihr mir dafür Kriemhild zur Frau gebt!"

„Das gelobe ich gern", erwiderte König Gunther, „sobald Brünhild als meine Geliebte hier in Worms einzieht, will ich Euch meine Schwester zur Frau geben, und Ihr mögt all Eure Tage fröhlich mit der Holden leben!"

Da strahlte Siegfried, und da war doch sein Todesurteil gefällt. Die Herren beschworen ihre Versprechen mit heiligen Eiden, dann rüsteten sie mit Macht zur Fahrt.

„Mit wieviel Schilden wollen wir ausziehen?" fragte König Gunther, „mit zwanzigtausend oder mit dreißigtausend? Ich würde soviel Kämpfer auf die Beine bringen, ich könnte ja auch die Herren aus Dänemark und Sachsen bitten!" Allein Siegfried widerriet dem Plan. „Wirklich, Ihr kennt die Fürstin nicht und nicht ihre Bosheit", sprach er, „je mehr Volk wir mitnähmen, um so sicherer müßten wir alle in diesem Reich zugrunde gehn! Laßt mich anders sorgen und vertraut mir! Wir wollen uns als fahrende Ritter ausgeben und nur zu viert reisen: Wir beide, und dazu Hagen und Dankwart, mehr braucht es nicht. So könnt Ihr Brünhild gewinnen. Was aber danach geschehen wird, weiß Gott allein!"

„Ich will Euch vertrauen", sagte König Gunther, „lenkt also die Sache, wie es Euch gut dünkt. Wie aber sollen wir uns kleiden? Was trägt man eigentlich an Brünhilds Hof?"

„Das Kostbarste", erwiderte Siegfried, „das, was bei uns noch kein menschliches Auge an Pracht gesehen hat, ist dort Alltagsgewand, nach dem keiner sich umdreht! Laßt Euch darum nichts zu teuer sein!"

„So will ich gleich meine Mutter Ute bitten, daß sie uns ausstattet", sagte König Gunther eifrig, allein Hagen sagte: „Was wollt Ihr Eure Mutter bemühen? Sie geht doch nicht mehr mit der Mode. Kriemhild kann uns da besser dienen!“ – „Das ist wahr“, sagte Siegfried rasch, „wir sollten gleich nach ihr schicken, daß sie uns empfängt! Jeder von uns braucht zwölf Kleider: Vier Tage werden wir in Island bleiben: Ein Tag ist die Ankunft; ein Tag der Empfang; ein Tag das Kampfspiel; ein Tag dann der Abschied. Jeden Tag aber wollen wir uns dreimal umkleiden! Königin Kriemhild soll weder Kunst noch Schätze sparen!“

So ließen sich denn König Gunther und Siegfried bei Kriemhild melden. Kriemhild war frohgemut, Siegfried zu Gefallen zu sein. Sie empfing ihre Gäste aufs würdigste im Palas und hieß sie neben sich auf dem Ruhebett Platz nehmen. Die Herren dankten artig für diese große Auszeichnung und setzten sich auf die bildbestickten Kissen, dann trug König Gunther der Schönen seine Wünsche vor. Kriemhild wurde weh ums Herz, da sie hörte, daß ihr Bruder ins ferne Island reisen wollte. „Habt Ihr denn kein Mädchen hier in der Nähe, daß Euer würdig wäre, lieber Bruder?“ fragte sie voll Sorge. Allein König Gunther beharrte auf seinem Begehr.

Da öffnete Kriemhild ihre gehütetsten Truhen. Den Helden gingen die Augen über ob dieser Stoffe, die da schlummerten! Da lagen duftende Ballen arabischer Seide, die war weißer als der weiße Schnee, und daneben knisterte bester Sigelat aus dem fernen Heidenland Zazamank, viel grüner als der grüne Klee, und golddurchwobener marokkanischer Pfellel quoll hervor und hauchdünner Zindel aus dem Mohrenland Libya, und aus Ebenholzkästen schimmerte die gegerbte Haut von Delphinen und afrikanischen Fischen und dazu Zobel und Hermelin und Feh die Fülle, und Kriemhild wies den staunenden Helden die Schätze und sagte: „Nun schafft zwölf Schilde voll Edelgestein, lieber Bruder, auf daß meine Mädchen ans Werk gehen können! Ich dachte diesen grünen Barragan hier über Haihaut zu spannen, aber da müßte er ganz mit Rubinen ausgelegt werden. Oder seht hier diesen kohlschwarzen, sechs Faden starken Sammet, dem stünde Hermelinfutter wohl an, doch wie könnte man ihn dann anders zieren als mit Opalen aus Persia?“ Da brachten zwölf Recken zwölf

Schilde voll Edelgestein, und Kriemhild bestimmte dreißig ihrer geschicktesten und fleißigsten Mädchen, die nähten Smaragde auf sarazenische Seide und dunklen Türkis auf meergraue Ferrandine, und sie arbeiteten ohne Unterlaß und waren sieben Wochen am Werk. Siegfried aber ging in seine Kammer und holte die Tarnhaut hervor, die er einst dem Zwerg Alberich abgenommen hatte. Er hatte bislang verschmäht, sie zu brauchen, nun aber wußte er, ohne sie würde die Fahrt böse enden. Diese Tarnhaut war ein grauer Mantel, unscheinbar und dünn und zerschlissen und im Äußern nicht anders als einer der Mäntel, wie fahrendes Volk sie trägt, aber wer ihn sich um die Schultern legte, empfing die Kraft von zwölf Männern und die Gabe der Unsichtbarkeit.

Als Siegfried die Tarnhaut wohl verwahrt hatte, nahm er Abschied von Kriemhild. Da weinte die Königin doppelte Tränen: um ihren Bruder und um den Helden, an dem ihr Herz hing. Es war, als ob sie wisse, was alles aus dieser Fahrt erwachsen sollte. Siegfried aber sagte zu Kriemhild: „Weinet nicht, schönste Königin! Wahrlich, ich bringe Euren Bruder und die anderen Herren heil nach Burgund zurück, das verspreche ich Euch in die Hand!“ Da verneigte sich Kriemhild vor ihm zum Dank.

Indes war das Schiff gerüstet, und die Gewänder, Waffen und Rosse waren verladen und dazu reicher Vorrat an Speisen und Wein. Ein hoher Wind blähte die Segel. Da weinten die Frauen, und in den Fenstern drängten sich die Gaffer.

Siegfried sagte: „Ich kenne den Weg! Ich werde steuern!“ Da nahmen die Herren Platz. Sie waren heiteren Mutes. Siegfried stieß das Schiff vom Gestade. König Gunther half ihm dabei mit dem Ruder. Das Schiff glitt leicht dahin. Der Wind wehte mit Macht. Sie fuhren zwanzig Meilen. Dann wurde es Nacht.

Die Fahrt blieb gut. Sie fuhren den Rhein hinunter, und hinter dem Horizont verschwanden die Burgen. Manchmal sahen sie Mühlen. Dazwischen lag Wald.

Manchmal kamen Ströme und schütteten ihr Wasser in den Rhein. Dann kam Sumpf. Dann kam Sand.

So kamen sie auf die offene See. Neun Tage sahen sie nur Wogen mit weißen Kämmen und hörten nur Wind. Wenn die Sonne unterging, glühte das Wasser wie Feuer.

Eines Morgens sahen sie Land. Das Land war grün. Über das Ufer ragten Türme.

Sie fuhren in einen Strom und fuhren den Strom hinauf. Nun dehnte sich Flur an Flur, und darauf weidete viel Vieh. Die Städte hinter den Fluren waren weiß und gezinnt. Von den Burgen wehte Purpur.

„Was ist das für ein Land?“ fragte König Gunther voll Staunen.

„Es ist das Eisland, Fürstin Brünhilds Land“, sprach Siegfried, „und diese Burg ist die Feste Isenstein!“

Hagen und Dankwart ruderten.

„Habt acht auf meinen Rat, ihr Herren“, sprach Siegfried. „Wir wollen sagen, daß ich ein Lehnsmann König Gunthers sei. Verredet Euch dabei nicht, sonst geht mein Plan nicht auf!“

Hagen schwieg.

„Wir sollten tun, was Siegfried rät“, sagte König Gunther.

„Es geschieht um Kriemhilds willen, daß ich mich meines Standes begebe“, sprach Siegfried, „für Kriemhilds Liebe tue ich alles!“ Da legten sie vor der Feste Isenstein an.

Wie Gunther Brünhild gewann

In der selben zîte dô was ir scif gegân
der bürge alsô nâhen dô sah der künec stân
oben in den venstern vil manege scœne meit.
daz er ir niht erkande, daz was Gunthere leit.

Als das Schiff der Burg nah kam, zeigten sich Frauen in allen Fenstern. Eine trug ein schneeweißes Kleid. Da sagte Siegfried zu Gunther: „Seht Euch diese Schönen hier an! Wenn Ihr wählen könntet, welche würdet Ihr wählen?“ Da sagte König Gunther: „Die Frau im schneeweißen Kleid. Wer ist das? Sie ist wunderschön. Sie soll meine Frau sein!“

Da sagte Siegfried: „Ihr habt recht geraten, König Gunther. Es ist Brünhild!“

Die Fürstin hob die Hand. Da verschwanden die Mädchen von den Fenstern. Es war unziemlich, so zu stehen und zu gaffen. Die Mädchen gingen in ihre Gemächer, sich zu schmücken. Heimlich aber spähten sie aus den Luken und Scharten. Sie wollten die fremden Recken sehen, die in den Tod gingen.

Das Schiff legte an. Die Recken stiegen aus. Es waren ihrer nur vier. Siegfried führte ein weißes Pferd vor König Gunther. Er richtete den Sattel, dann half er König Gunther in den Sitz. Dann erst bestieg er sein eigenes Pferd. Das sahen die Frauen, und König Gunther sah, daß sie es sahen. Davon schwoll ihm die Brust.

Die Helden ließen das Schiff im Hafen und ritten zur Burg. Brünhild sah sie vom Fenster ihres Saales. So herrliche Helden waren noch niemals auf Island erschienen. Die Edelsteine wiegten sich im arabischen Gold. Die Sättel funkelten, und am Zaumzeug tönten goldene Schellen. Die Schwerter klirrten an die Sporen. König Gunther und Siegfried waren in weiße Seide gekleidet, Hagen und Dankwart in schwarzen Sammet. Über ihnen blitzten die Speere wie Sterne. So ritten sie zur Burg.

Die Burg hatte sechsundachtzig Türme. Sie hatte drei Palasse und einen Saal aus grünem Marmor. In diesem Saal saß Brünhild mit ihrem Hofstaat. Sie war in Gold gekleidet und ihre Frauen in Scharlach und ihre Ritter in Stahl. So warteten sie auf die Gäste.

Das Tor wurde aufgetan. Die Ritter ritten in den Hof. Gepanzerte eilten herbei, ihnen die Waffen und die Rosse abzunehmen. Die Helden stiegen ab und ließen den Rittern die Tiere und die Schilde. Da sagten die Ritter: „Gebt uns auch die Schwerter und die Brünnen!“ – „Die legen wir nicht ab“, sagte Hagen, „die trägt niemand außer uns!“ – „Es ist hier so Brauch“, erklärte Siegfried. „Kein Fremder darf sich der Furstin in Waffen nahen!“ Da murrte Hagen, allein er legte die Waffen ab. Dann bot man ihnen Wein an. Sie tranken. Ritter kamen. Sie trugen die prächtigsten Kleider und glotzten die Gäste an.

Brünhild sah in den Hof. „Wer sind diese Fremden?" fragte sie. „Sie stehen im Hof, als wären sie hier die Herren. Fragt nach ihrem Begehr und berichtet mir!"

Da sagte ihr Kämmerer: „Ich kenne die Fremden nicht, Fürstin. Einer ist wohl der König. Einer ist finster und furchtbar. Einer ist jung und edel. Der vierte aber sieht wie Siegfried aus!"

Da rief Brünhild: „Nun bringt mir mein Festgewand! Siegfried ist gekommen! Aber die Liebe soll mich nicht noch einmal übermannen! Auch er muß um mich kämpfen und wird sterben!"

Da kleidete man die Fürstin in ihr Festgewand. Hundert der edelsten Mädchen Islands umringten sie. Fünfhundert Recken gingen an ihrer Seite. So schritt Brünhild den Helden im Saal entgegen.

Brünhild trat auf Siegfried zu. Sie sagte: „Willkommen, Siegfried, in meinem Reich! Habt Ihr eine gute Reise gehabt? Was führt Euch zu mir?"

So sprach Brünhild. Siegfried aber sagte: „Ihr tut mir zuviel Ehre an, Fürstin, daß Ihr mich vor diesem edlen König hier begrüßt. Das Willkomm gehört meinem Lehnsherrn, nicht mir. Es ist König Gunther aus Worms am Rhein, und er ist gekommen, Euch zu freien! Er hat mir befohlen, ihn zu begleiten. Aus freien Stücken hätte ich mich niemals hierhergewagt!"

Da wurde Brünhild bleich wie Stahl. Sie sagte: „Wenn er dein Herr ist, so bist du sein Lehnsmann. Wenn er mich im Kampfspiel dreimal besiegt, werde ich sein Weib. Wenn er unterliegt, muß er sterben, und du stirbst mit ihm. Mit seinem Leben ist deins verwirkt und das der andern Ritter auch!"

Da sagte Hagen: „Das wird sich zeigen!"

Da sagte Brunhild: „Zuerst werden wir den Stein werfen. Dann werden wir springen. Zum Schluß werden wir die Speere aufeinander schleudern. Noch könnt Ihr umkehren! Überlegt es Euch gut!" Siegfried aber trat hinter König Gunther und flüsterte ihm zu: „Verzagt nicht! Ich werde Euch mit meinen Künsten schon beistehn!" Da sagte König Gunther zu Brünhild: „Ich setze mein Leben um Eure Liebe! Um Eurer Schönheit willen werde ich jede Probe bestehen!“ Da ließ Brünhild die Kampfbahn rüsten.

In ihrer Kammer legte die Fürstin ein seidenes Waffenhemd an, das war aus dem Heidenland Azagouk, wo die Menschen keinen Schatten werfen und das noch weit hinter der glühenden Wüste von Zazamank liegt. Es war mit bunten Borten benäht und noch von keiner Waffe berührt. Darüber schnallte sie einen goldenen Harnisch und darüber einen Waffenrock aus libyschem Samt. Siegfried aber war zum Schiff geeilt und hatte sich die Tarnhaut umgelegt. So stand er unsichtbar hinter den Recken.

Siebenhundert isländische Ritter umringten die Kampfbahn. Sie sagten: „Wehe den armen edlen Herren, die nun wieder ins Gras beißen müssen!“ Dazu lachten sie.

Nun kam Brünhild. Vier Recken schleppten ihren Schild. Er war aus Gold. Seine Tragriemen waren mit Smaragden besetzt. Sein Buckel war drei Spannen dick und ganz aus Stahl. Die vier waren die stärksten Männer auf Isenstein, und sie keuchten beim Schleppen. Da sagte Hagen: „Was nun, König Gunther? Jetzt geht’s uns ans Leben! Die Ihr lieben wollt, ist des Teufels Weib!“

Jetzt brachten die Kämmerer den Speer. Der war länger als der längste Eschenstamm. Die Spitze war aus viereinhalb kopfgroßen Eisenklumpen geschmiedet. Sie war so scharf, daß die Luft um sie zischte. Da dachte König Gunther: Wie soll ich hier nur bestehen? Der Teufel hat mich geritten, hierherzuziehen! Säße ich bloß lebendig zu Worms am Rhein, nie wieder freite ich um die Fürstin von Island! Dankwart aber sprach: „Bisher haben wir Ruhm als brave Ritter erworben. Nun müssen wir elend von Weiberhand zugrunde gehen! Mich reut diese Fahrt wie nichts im Leben!“ Da sagte Hagen: „Hätten wir nur unsre Panzer und unsre Schwerter! Wir wollten uns dieser Jungfrau schon erwehren und uns zum Schiff kämpfen!“ Das hörte Brünhild. Sie blickte über die Schulter auf die drei Sorgenden und lächelte. Sie sagte: „Bringt ihnen Panzer und Waffen. Sie sollen nichts Schlechtes über uns sagen können!“ Da wurden den Helden die Panzer und die Schwerter zurückgegeben.

Da sagte Dankwart: „Jetzt ist mir wieder wohler! Nun mag der König unbesorgt sein!“

Zuerst wurde der Stein gebracht. Der war so schwer, daß ihn zwölf auserlesene Recken kaum wälzen konnten. Da sagte Hagen: „Weh uns, was ist das für eine Königsbraut! Sie stünde in der Hölle dem Teufel besser an!“

Nun wand Brünhild die Ärmel ihres Waffenrocks auf. Mit leichter Hand hob sie den Schild und den Speer. Da erzitterte König Gunther. Plötzlich fühlte er sich von einem Unsichtbaren an der Schulter gefaßt. Da erschrak er so, daß er fast aufschrie. Er schaute sich nach allen Seiten um, allein er konnte niemand erblicken. Da sagte es: „Ich bin's, Siegfried, dein Freund! Fürchte die Fürstin nicht! Gib mir jetzt deinen Schild und deinen Speer! Ich tue das Werk und du die Gebärde! Sei du der Schein meines Tuns, so werden wir bestehen!“ Da faßte König Gunther wieder Mut.

Brünhild warf als erste den Speer. Da er den Schild an Siegfrieds Hand traf, schoß Feuer zum Himmel. Der Speer durchschlug den Schild und fuhr auf die Brünne. Da lohte auch aus der Brünne Feuer. Der Speer durchschlug auch die Brünne und fuhr auf die Tarnhaut. Da schoß Siegfried ein Strahl Blut aus dem Mund, und er brach in die Knie. König Gunther aber stand ohne Wanken.

Siegfried erhob sich und nahm Brünhilds Speer auf. König Gunther tat zum Schein, was Siegfried wirklich vollbrachte. Plötzlich drehte Siegfried den Speer um. Er dachte: Sie ist ein Mädchen, ich mag sie nicht verwunden! So sandte er den Speer mit dem stumpfen Ende gegen Brünhild. Der Speer schlug Brünhilds Schild zur Seite und prallte auf ihren Panzer. Da stob Feuer aus dem Gold. Brünhild fiel auf den Rücken. Das hätte König Gunther aus eigener Kraft niemals vermocht.

Die herrliche Fürstin war schnell wieder auf den Beinen. Sie rief: „Habt Dank für diesen Wurf, König Gunther! Das war ein Wurf, eines Ritters wert!“ Sie dachte, König Gunther habe das getan. Allein, es hatte Siegfried getan. Brünhild aber erkannte Siegfrieds Hand nicht.

Die Fürstin war voll Zorn. Sie schleuderte den Stein mit aller Kraft. Dann sprang sie hinter dem Stein her. Der

Stein flog zwölf Klafter weit, und die Fürstin übersprang ihn noch. Da trat König Gunther zum Stein. Hinter ihm stand unsichtbar Siegfried. König Gunther versuchte den Stein aufzuheben, aber er machte ihn kaum wackeln. Da hob Siegfried den Stein auf und warf, und König Gunther tat so, als ob er werfe. Da flog der Stein viel weiter als bei Brünhild. Dann packte Siegfried König Gunther unter der Achsel und sprang mit ihm noch über den Stein hinaus. Es schien aber allen, als habe König Gunther den Wurf und den Sprung getan. Da hatte Siegfried des Königs Leben gewonnen.

Die Fürstin Brünhild sagte zu ihrem Gefolge: „Von nun an gehört Ihr alle dem König Gunther! Er hat mich besiegt!" Da legten die Ritter die Waffen auf die Erde. Dann traten sie zu König Gunther und beugten vor ihm das Knie. So huldigten sie dem Bezwinger ihrer Fürstin, und König Gunther empfing sie überaus gnädig und ganz ohne Fehle, wie es die Sitte verlangte, und er grüßte jeden der Ritter, der sich vor ihm verneigte, und sprach huldreich zu ihm. Da nahm Brünhild König Gunthers Hand. Sie sagte: „Mein Land ist nun Euer!" Dies nahm König Gunther in Gnaden an. Da freuten sich Hagen und Dankwart.

Brünhild lud die Herren in den Saal. Siegfried war indes fortgegangen und hatte die Tarnhaut abgetan. Als er zurückkam, tat er gänzlich unwissend. „Wann beginnen denn die Kämpfe, König Gunther?" fragte er, „ich bin höchst begierig, sie anzusehen!" Da sagte Brünhild erstaunt: „Wart Ihr denn nicht am Kampfplatz gewesen, Herr Siegfried?" Da sagte Hagen für Siegfried: „Er hat sich drunten beim Schiff verweilt. Darum weiß er nichts von König Gunthers Sieg über Euch! Doch dieser Sieg war ja zu erwarten!" Da wurde Brünhild wieder rot vor Zorn. Siegfried aber sprach: „Was für ein wunderbarer Tag! Welch günstige Nachricht! Wie freut mich meines Königs Sieg! Nun müßt Ihr mit uns an den Rhein ziehn, vieledle Jungfrau, und als Gemahlin des Königs nach Worms!" Dies sagte Siegfried um Kriemhilds willen.

Brünhild aber sprach: „Noch ist es nicht soweit. Ich will erst meiner Sippe und meinen Mannen Bericht geben!"

Da ritten Boten rings ins Land hinein, Brünhilds Krieger zur Burg zu bitten. Bald kamen die ersten Ritter heran. Sie waren über und über bewaffnet. Da sagte Hagen: „Bei Gott, was lassen wir da zu! Wenn sich ganz Island hier versammelt, sind wir verloren!“ Da sagte Siegfried: „Das werde ich verhüten! Ich schaffe Euch ein Heer! Ich habe hier Vasallen, die Ihr nicht kennt!“ – „So zieht denn mit Gott“, sprach König Gunther, „doch verweilt nicht zu lange!“ Da sagte Siegfried: „Keine Sorge, ich kehre bald zurück. Wenn aber Brünhild nach mir fragt, dann sagt ihr, Ihr habt mich als Euren Lehnsmann weggeschickt!“

Wie Siegfried nach seinen Mannen fuhr

Dannen gie dô Sîfrit zer porten ûf den sant
in sîner tarnkappen, da er ein schiffel vant.
dar an sô stuont vil tougen daz Sigemundes kint.
er fuort' ez balde dannen, alsam ez wǽté der wint.

Siegfried tat wieder die Tarnhaut um. Unsichtbar bestieg er das Schiff und ruderte es ins Meer. Die Recken Islands sahen, wie es gegen den Wind fuhr und niemand darin saß. Da graute ihnen.

Die Insel, wohin Siegfried ruderte, lag am Ende der Welt. Es war das Land der Nibelungen. Es maß hundert Meilen und mehr. Dort lag Siegfrieds Hort verwahrt.

Siegfried brauchte einen ganzen Tag und eine ganze Nacht für diese Reise. Eigentlich war es nicht Tag und nicht Nacht, denn die Sonne kam nicht mehr bis dahin und auch nicht der Mond, nur der Nebel. Für Fremde lag dieses Land immer in Finsternis. Wer aber von dort stammte, sah alles in Helle wie anderswo einer die Fluren im Sonnenschein.

Siegfried steuerte sein Schiff in eine Bucht. Über der Bucht lag die Burg. Ihr Tor war verschlossen. Siegfried pochte ans Tor, da spähte ein Riese heraus. Das war der Wächter. Er war größer als ein Eichbaum. Er war zornig, daß er geweckt worden war. „Wer pocht so ungestüm an das Tor“, brüllte er.

Da dachte Siegfried des Wächters Treue zu prüfen. Mit verstellter Stimme antwortete er: „Ich bin ein fremder Ritter. Öffne! Sonst schlag ich das Tor ein!“ Da wurde der Wächter aber wütend! Er packte eine ungeheure Eisenstange, das war seine Waffe, und legte seine Rüstung an. Dann stieß er das Tor auf und warf sich auf Siegfried. Beim ersten Schlag schon zersprang Siegfrieds Panzer. Da fürchtete der Held für sein Leben, und zugleich freute ihn des Wächters Eifer. Sie rangen erbittert. Schließlich bezwang Siegfried den Wächter und band ihn.

Das Kampfgetöse drang bis ins Innre der Burg. Dort hauste der Zwerg Alberich. Rasch lief er herbei. Er war stark und grimmig, und seine Waffe war eine Geißel mit sieben goldenen Kugeln, die zerhieb jeden Schild. Auch Siegfrieds Schild zerbarst unter ihren Schlägen. Wieder mußte der junge Held um sein Leben fürchten. So wackre Wächter hatte er! Des war der Held von Herzen froh.

Siegfried wollte den Zwerg nicht töten. Er stieß sein Schwert in die Scheide zurück. Sein ritterliches Wesen gebot ihm Milde. Er packte den Zwerg am Bart und schleifte ihn dran um die Burg.

Daß sein grauer Bart so gezerrt wurde, peinigte den Zwerg. Er schrie: „Junger Held, schont mein Leben! Ihr zerrt mir die Seele aus dem Leibe! Lieber will ich Euch dienen als so schmählich sterben!“ Da lachte Siegfried und sagte: „Ich bin ja bereits dein Herr!“ Da sagte der Zwerg: „Wer anders als Siegfried könnte so stark sein! Ich bin Euer Knecht!“ Da zeigte sich Siegfried gnädig und mild und gab Alberich und den Riesen frei.

„Geh in die Burg“, sagte Siegfried zu Alberich, „und biete mir tausend der kühnsten Nibelungen auf!“ Da eilte der Zwerg in die Burg. Dort schliefen die Krieger in ihren Betten, bis der König sie weckte. So schliefen sie schon tausend Jahre. So lange war es her, seit Siegfried die Brüder Schilbung und Nibelung erschlagen und den Hort erworben hatte.

Siegfried wartete am Tor. Über dem Land und über dem Meer lag Nebel. Siegfried dachte: Wie lang ist es her, daß ich hier war? Er wußte es nicht. Da dachte er: Vielleicht geschah dies alles nur in meinem Herzen allein, da ich träumte? Da ging er von der Burg weg ins Land.

Hinter der Burg lag ein Wald. In dem Wald lag ein Fels, und im Fels war eine Höhle. Der Grund vor der Höhle war rot. Da sagte Siegfried zu sich: Hier habe ich den Drachen getötet. Hier habe ich im Drachenblut gebadet. Das alles ist lange her.

Da wurden die Nebel dichter.

Siegfried ging tiefer in den Wald. Da lag eine Heide im Wald, und auf der Heide stand eine Klippe. Der Grund um die Klippe war schwarz. Da sagte Siegfried zu sich: Auf dieser Klippe hat Brünhild geschlafen. Ringsum war Feuer. Ich bin durch das Feuer geritten. Ich habe bei Brünhild gelegen. Wir waren Kinder. Das alles ist lange her.

Da wurde das Dickicht so zäh, daß Siegfried sich mit dem Schwert einen Weg hauen mußte.

Siegfried ging tiefer in den Wald. Da stand eine Hütte, und vor der Hütte stand ein Amboß. Der Grund um die Hütte war grün. Da sagte Siegfried zu sich: Hier wuchs ich auf. Hier habe ich bei Mime dem Schmied gelebt. Er lehrte mich Kohlen brennen und Beile stählen. Hier war ich glücklich.

Da verwuchsen Nebel und Dickicht derart miteinander, daß Balmung von ihnen abprallte.

Siegfried wollte noch tiefer in den Wald gehen. Er kam aber keinen Schritt mehr vorwärts. Da ging er zur Burg zurück. Er brauchte dahin nur drei Schritte, und Felsen, Klippe und Hütte sah er nicht mehr.

Vor der Burg warteten schon die Krieger. Sie schlugen die Schwerter an die Schilde, ihren Herren zu grüßen. Siegfried dankte einem jeden. Er kannte sie alle von Angesicht und mit ihrem Wappen und mit ihren Taten. Es waren ihrer aber dreitausend. Davon wählte er die Tapfersten aus. Mit denen aß und trank er in der Burg. Es war Tag, doch sie mußten Kerzen brennen, da der Nebel so schwarz war. Siegfried hieß seine Mannen die reichsten Kleider antun und die feurigsten Rosse schirren und die schärfsten Waffen mitnehmen. Dann segelten sie nach Island zurück.

Die Fürstin und ihre Frauen standen an den Zinnen und

schauten über das Meer. Neben Brünhild stand König Gunther mit Hagen und Dankwart. Die Krieger der Fürstin standen im Burghof. Da sah Brünhild die Schiffe mit den Mannen und Rennern. Sie fragte: „Wer sind diese Krieger? Ihre Segel sind weißer als Schnee!“ Da sagte König Gunther: „Das sind meine Recken! Ich hatte sie in der Nähe zurückgelassen. Nun habe ich sie gerufen, daß sie uns würdig geleiten!“

Da sagte Brünhild: „Sie sollen mir willkommen sein!“ Da reisten viele ihrer Krieger wieder ins Land zurück.

Die Fürstin begrüßte die Nibelungen vor dem Tor. Siegfried aber hieß sie nicht willkommen. Die Ritter Isensteins drängten sich um die Fremden und gafften. Aus den Fenstern spähten die Frauen. „Nun heißt es Abschied nehmen“, sagte Brünhild und weinte.

Sie sagte: „Ich möchte meine Getreuen würdig beschenken. Allein mein Kämmerer ist nicht mehr hier!“ Sie hoffte, Siegfried würde ihr Kämmerer werden. Aber Dankwart sagte rasch: „Laßt mich diese Arbeit tun, Fürstin! Gebt mir die Schlüssel zu Euren Schätzen! Ich bin zum Beschenken der richtige Mann!“

Da gab Brünhild ihm den Schlüssel. Dankwart verteilte Brünhilds ganzen Besitz. Er schüttete das Gold aus, als wären es Erbsen. Die Ärmsten wurden reich. Wer um ein Pferd bat, erhielt einen Marstall. Des war Brünhild leid.

„Mein König“, sprach die Fürstin zu König Gunther, „wehrt diesem Narren doch sein Tun! Er verschleudert ja meine ganze Habe! Es ist mein Vatererbe, und es soll mich noch lange erfreuen! Herr Dankwart aber tut, als wäre ich tot!“ Da sagte Hagen: „Macht Euch nichts draus, Fürstin! Was soll Euch dieser Bettel! König Gunther hat soviel Schätze, daß Ihr diese Armseligkeiten nicht vermissen werdet!“ Insgeheim aber dachten Hagen und Dankwart: Mit ihrem Schatz ist Brünhild auch in der Ferne noch mächtig! Wir müssen ihn zerstreuen, sonst droht uns Unheil! Und Dankwart ließ Edelsteine aus den Fenstern regnen. Da sprach Brünhild voll Zorn: „Wollt Ihr mich ehrlos machen? Wie könnte ich an den Rhein kommen ohne Geschenke? Soll man dort sagen: König Gunther bringt eine Bettlerin nach Burgund?“ Da hieß König Gunther Dankwart innehalten. Da waren von Brünhilds Schatz noch zwanzig Truhen voll Geld und Pelzen geblieben. Darüber lachte Dankwart sehr.

Brünhild sprach zu Gunther: „Was soll mit Island geschehen, wenn ich mit Euch gehe? Wem soll es angehören?“ Da sagte König Gunther: „Das steht bei Euch!“ Da setzte Brünhild ihrer Mutter Bruder als Vogt über Island, daß er es für sie verwalte. Sie sollte es aber nie wiedersehn.

Zum Geleit wählte die Fürstin zweitausend Ritter, sechsundachtzig Kammerfrauen und hundert der schönsten Mädchen. Die tausend Nibelungen zogen mit Siegfried. So stachen sie in See.

Die Fahrt war voll Freude. Es gab Spiel und Tanz und alle Lustbarkeit. Es wurde Musik gemacht und gesungen, und man trank auch den besten Wein.

König Gunther drang sehr in Brünhild, daß sie bei ihm liege. Brünhild wollte das nicht während der Fahrt. Sie wollte damit warten, bis sie in Worms wären. Dort sollte Hochzeit und Brautlager sein.

Wie Siegfried als Bote nach Worms gesandt wurde

Dô si gevarn wâren   volle niwen tage
dô sprach von Tronege Hagene: „nu hœrt waz ich iu sage.
wir sûmen uns mit den mæren   ze Wormez an den Rîn.
die iwer boten solden   nu ze Burgonden sîn.“

Sie waren schon neun Tage unterwegs, da sprach Hagen von Tronje: „Mein König, wir haben über unserer Kurzweil gänzlich versäumt, Boten nach Worms zu senden! Sie sollten eigentlich schon dort sein! Wir dürfen drum nicht länger zögern, damit man sich dort nicht sorge!“ – „Da habt Ihr recht“, erwiderte König Gunther, „am besten, Ihr reitet gleich selbst voraus! Wer könnte von unseren Abenteuern trefflicher berichten als Ihr?“ Aber Hagen wehrte sich. „Ich bin kein guter Redner“, sprach er, „laßt mich hier auf dem Schiff Kämmerer sein und den Frauen aufwarten und sie und ihre Schätze behüten, davon verstehe ich etwas, zu Botengängen aber tauge ich nichts! Bittet doch Herrn Siegfried, daß er Euch diesen Dienst tut!“

Da bat König Gunther Siegfried, als Bote nach Worms zu ziehen, doch auch Siegfried wehrte zunächst ab. „Ich habe lang genug Euren Dienstmann gespielt, um Euch Brünhild gewinnen zu helfen!“ erklärte er, „nun laßt mich wieder in meinen Stand treten!“ Da beschwor ihn König Gunther um Kriemhilds willen, und da stimmte Siegfried ohne Widerrede zu. „Für Kriemhild tue ich alles“, sprach er. Da trug ihm König Gunther folgendes auf:

„Sagt meiner Mutter zu Worms, der Königin Ute, vielliebe ber Herr Siegfried, daß wir die Abenteuer glänzend bestanden haben, und laßt dies auch meine Brüder wissen. Erzählt es auch allen meinen Freunden, wie ich Brünhild errang und wie ich die Fürstin dreimal besiegte: im Steinstoß, im Weitsprung und mit dem Speer! Vergeßt, ich bitte Euch sehr, auch ja nicht, dies alles genau meiner Schwester Kriemhild zu schildern, und es wäre auch durchaus gut, wenn es ihre Mädchen und Frauen und auch das Gesinde erfahre, wie ich die grausame Schöne mit starker Hand besiegt und meinen Herzenswunsch verwirklicht habe! Es mag auch nach außen in die Nachbarlande und in die Ferne dringen, so festigt sich der Ruhm Burgunds! Das ist das Wichtigste, was ich Euch zu bestellen habe!“

„Ich will es getreulich ausrichten um Kriemhilds willen“, sagte Siegfried voll Höflichkeit.

„Sodann“, fuhr der König fort, „sodann sagt Herrn Ortwin von Metz, daß er uns eine großartige Sieges- und Hochzeitsfeier rüste! Am Rheinufer soll er Tribünen baun und Zelte aufschlagen und Turnierplätze abstecken, er muß auch in der Stadt soviel Quartier als eben nur möglich beschaffen, denn dies Fest soll sogar meine Siegesfeier nach dem Sachsenkrieg in den Schatten stellen! Der Saal muß mit neuen Teppichen ausgelegt werden, auch an die Wände müssen neue Behänge kommen! Sagt Herrn Ortwin, er solle ja nicht sparen und ungescheut über Mittel verfügen, wie er's für gut hält, ich werde ihn nicht tadeln darum! Ja und dann richtet Kriemhild noch aus, ich ließe sie herzlich bitten, Brünhild einen besonders freundlichen Empfang zu bereiten und aufs peinlichste zu vermeiden, die Stolze zu kränken! Sie ist so schrecklich spröde und unhold! Bestellt dies alles genau, viellieber Herr Siegfried, und vergeßt auch nichts! Es ist dies alles höchlichst wichtig!“

Da verabschiedete sich, wie es die Sitte verlangte, Siegfried als Bote zuerst von König Gunther und dann auch von Brünhild und ihren Damen und ritt mit vierundzwanzig seiner Nibelungen den Rhein stromaufwärts nach Worms. Die Sehnsucht nach Kriemhild trieb ihn, und er spornte sein Roß und kam nicht Tag und nicht Nacht aus dem Sattel. Doch als der Held mit seinen Rittern in einer Wolke Staub auf die Stadtmauer zusprengte, durchsauste wieder Entsetzen die Burg, daß Siegfried ohne den König zurückkehre, und wie der Wind verbreitete sich das Gerücht, König Gunther und seine beiden Edlen seien in Island elendiglich umgekommen. Giselher und Gernot sprengten Siegfried entgegen: „Was ist unserm Bruder Gunther geschehen?“ schrie Gernot schon von weitem, „sagt uns die Wahrheit, Siegfried, wie bitter sie auch sei! Nicht wahr, die grausame Fürstin hat ihn umgebracht!“

„Er sendet Euch allen die besten Grüße“, rief da Siegfried und lachte, „er fährt mit der schönen Brünhild den Rhein herauf und ist zu dieser Stunde gewißlich der glücklichste Ritter der Christenheit!“ – „So hat er dies furchtbare Weib wahrhaftig überwunden?“ fragte Giselher. „Er hat es wahrhaftig getan“, erwiderte Siegfried, „nun sorget, daß es Burgund erfährt!“

Da ritten die drei nach Worms, und am Tor warteten schon Kriemhilds und Utes Vertraute, Herrn Siegfried noch im Reisegewand vor die Königinnen zu bitten. Die Frauen empfingen ihn voller Sorge, obwohl ihnen Gernot und Giselher die frohe Botschaft von König Gunthers Sieg schon hatten zukommen lassen. Siegfried sah ihre rotgeweinten Augen und beruhigte sie sofort. „Nun sparet nicht an Botenlohn, vieledle Frauen“, sprach er, „ich bringe euch die beste Kunde, die eine Mutter und eine Schwester nur hören mögen! Euer Bruder hat mit kühner Hand errungen, was er begehrt hat, und er kehrt heil zu euch zurück!“

Da wischten sich Kriemhild und Ute abermals mit ihrem Gewandzipfel die Tränen aus den Augen, aber diesmal waren es Tränen der Freude. Ute hieß Siegfried sich auf ihr Ruhebett setzen, und Kriemhild sprach: „Wie könnte ich einen Königssohn mit Botenlohn bedenken, als ob er irgendein Lehnsmann wäre! Es ziemt mir nicht, Euch ein Geschenk anzubieten!“ Da lachte Siegfried hellauf und sagte: „Und wenn ich dreißig Lande besäße, Kriemhild, aus Eurer Hand adelte mich noch der geringste Pfennig! Gebt mir, damit auch ich glücklich sei!“

Da sandte Kriemhild ihren Kämmerer nach dem schönsten Schmuck aus, das waren vierundzwanzig goldene Armreifen, von denen war jeder auf andere Art dicht mit Edelsteinen besetzt. Diese Reifen hätten den Großmogul beider Indien staunen gemacht, doch Kriemhild schenkte sie Siegfried, als wäre es ein Bastgeflecht, womit Kinder spielen, und Siegfried wiederum erwies sich als Ritter von edelster Art und schenkte die Kleinode, ohne zu zögern, an Kriemhilds und Utes Mädchen weiter. Da lachte die Kemenate vor Glück. Da lachte auch Kriemhild, denn sie war gewiß, daß Siegfried sich nun als Botenbrot einen Kuß erbitten würde. Sie hätte ihn gern geküßt, allein sie wagte das nicht, doch auch Siegfried wagte es nicht, sie darum zu bitten. Er sprach: „Vergönnt mir nun, vieledle Herrinnen, weiterzueilen, ich habe auch den Wormser Herren noch Wichtiges zu bestellen!“ Da beurlaubten Ute und Kriemhild den Helden, und Siegfried eilte zu Ortwin von Metz und überbrachte ihm König Gunthers Befehle. Er hatte kaum zu Ende gesprochen, da rüstete Worms schon zum großen Fest.

Wie Brünhild zu Worms empfangen wurde

Anderthalp des Rînes sach man mit manigen scharn
den künic mit sînen gesten zuo dem stade varn.
ouch sâh man dâ bî zoume leiten manige meit.
die sie enpfâhen solden, die wâren állé bereit.

Der Festzug, der König Gunther und seiner Braut Brünhild zum Rheinufer entgegenströmte, war unabschätzbar an Prunk und Zahl, und an seiner Spitze ritten in Samt und Smaragd die Frauen. Siegfried wurde die Ehre zuteil, Kriemhilds Zelter am Zügel von der Burg bis zum Ufer zu führen, nachdem Markgraf Gero der Heidenbezwinger diesen hohen Dienst über den Hof bis zum Burgtor hin versehen hatte. Ortwin von Metz geleitete Königin Ute, und sechsundachtzig Frauen in meerblauen Hauben und hundertfünfzig Mädchen mit leuchtenden Bändern im freien blonden Haar unringten die Königinnen. Die Rheinauen wimmelten von blumenbunt gekleideten fröhlichen Menschen, denn von weit her waren Ritter und Reisige zusammengeströmt, die Königin aus dem fernen Island zu bewundern und König Gunther zu lobpreisen, der ihre Stärke mit kühner Hand überwunden und die Stolze hierher nach Worms gebracht. Jeder wollte die Wunderbare ganz aus der Nähe schauen, und das Gedränge war so groß, daß Schildbuckel brachen und Lanzenschäfte splitterten.

Die Schiffe mit den schneeweißen Segeln hatten am Gestade gegenüber der Zeltstadt angelegt, und eine purpurgeschmückte Fähre setzte die Damen und Herren über. König Gunther führte Brünhild an der Hand. Der Glanz ihres Seidengewandes und der Glanz ihres Geschmeides stritten widereinander. Ihr Haar war schwer von Gold. Kriemhild trat ihrer Schwägerin voll Anmut entgegen, wie es die Sitte und wie es ihr Herz gebot, und die Frauen umarmten und küßten einander aufs innigste. Auch dies geschah nach der Sitte, und jedermann freute sich darob.

„Ihr sollt willkommen sein in Worms, vieledle Fürstin", sprach Kriemhild, „willkommen im Lande der Burgunder, willkommen mir, willkommen meiner Mutter und all mei-

Vandalismus
Haube - eine Art Mütze
Gestade - Strand

nen Freunden und meinem ganzen Geschlecht!“ Da umarmten sich die Herrinnen wieder, und auch die Königin Ute umarmte Brünhild, und die Königin Kriemhild küßte die Königin Brünhild auf ihren süßen Mund, und auch die Königin Ute tat dies. Da empfingen auch die Mädchen Kriemhilds die Mädchen Brünhilds mit Küssen, und nach ihnen küßten die Herren des Königs Gunther die Mädchen der Königin Brünhild, und die Ritter Burgunds und die Ritter Islands umarmten einander und führten freundschaftliche Gespräche und verglichen als Frauenkenner immer wieder ihre Gebieterinnen, die nun ganz von nah zu betrachten waren. Jedermann konnte sich überzeugen, daß keine von ihnen es nötig hatte, sich mit erborgter Schönheit zu schmücken, und wenn die Recken Islands immer wieder die herrliche Gestalt Brünhilds priesen, so rühmten die Helden Burgunds den Liebreiz der jungen Fürstin und ihre mädchenhafte Holdseligkeit.

Die Stunde quoll so über von Festesfreude, daß die Burg allein sie nicht zu fassen vermochte. Auf den Rheinwiesen waren seidene Zelte aufgeschlagen und Tribünen errichtet und Kampfplätze abgesteckt, und die Ritter und die Damen zeigten sich so begierig auf Spiele und Kämpfe, daß sie keinen Augenblick länger warten wollten. Posaunen dröhnten; Herolde sprengten heran; Gepanzerte rannten im Wettstreit widereinander; Staub wirbelte, als rauche eine Feuersbrunst übers ganze Land, und aus Stahl und Stahl stoben prasselnde Funken, und so berauschend war der Festestrubel, daß auch außerhalb der Arenen die Ritter zu fechten begannen und die Schwerter von allein aus den Scheiden fuhren, wo immer sie einander begegneten. Es war ein Rausch aus Metall und Kühnheit, und von allen tat sich Siegfried mit seinen Nibelungen am meisten hervor. Seine Ritter überwanden jeden Gegner. Schließlich war das Getümmel so unabsehbar, daß Hagen es zu schlichten begann. „Haltet ein, ihr vieledlen Herren!“ gebot er, „nehmt Rücksicht auf die Gewänder der Damen, sie kommen ja zuschanden durch den vielen Staub!“ Und Gernot riet: „Laßt doch die Pferde jetzt ruhen, tapferste Ritter, sie sind ja erschöpft! Gönnt ihnen eine Rast und ruhet und

Kemenate-einfache Zimer

rastet auch ihr und schmauset und zecht derweilen, es ist ja alles in den Zelten gerichtet, und wenn es dann Abend wird, geleiten wir die Herrinnen mit Fackeln zur Burg hinauf!" So verging die Zeit bis zum Abend im Flug über Braten und Wein und Balladen und Reigen und den Gaukelkünsten des fahrenden Volkes. Dann zog der Jubel in die Burg, und dort stand schon die Tafel für das Festmahl bereit, denn was in den Zelten geboten wurde, hatte nur als ein Imbiß zu gelten. Die Damen eilten in ihre Gemächer, sich umzukleiden, und auch die Herren hatten Gelegenheit, ihre verschwitzten und zerspeerten Gewänder zu wechseln. Gunther aber trat in die Kemenate Brünhilds und setzte ihr die Krone einer Königin von Burgund aufs Haupt.

Das Festmahl war an Pracht nicht zu überbieten. Die breitausladenden Tische waren mit goldgebortetem Linnen belegt und mit Blumen geschmückt, und Blumenkränze hingen über den Plätzen aller Gäste. Bevor man tafelte, wurden in goldenen Becken Wasser und dazu Handtücher gebracht, daß jeder sich die Finger spüle. Der Hausherr vom Rhein hatte ein strenges Auge, ob die Tafel auch Brünhild genügen könne, doch was er sah, stimmte ihn zufrieden. Mit Brünhild an der Hand schritt er durchs Spalier der Gäste zur Tafel. Das sah Siegfried. Da bat er König Gunther zur Seite.

„Gedenket Eures Eides, König Gunther", redete Siegfried, „Ihr habt mir die Hand Eurer Schwester versprochen, wenn Brünhild nach Worms kommt, und nun ist sie in Worms. Worauf wartet Ihr noch? Wollt Ihr eidbrüchig werden?" Da sagte König Gunther: „Ihr mahnt mich mit Recht! Was ich für Euch tun kann, das will ich tun!" Er schickte einen Kämmerer aus, Kriemhild zu sich zu bitten, und die Schöne kam mit großem Geleit. Sie dachte wohl, sie werde gebeten, Brünhild zur Tafel zu führen. Da eilte ihr der junge König Giselher entgegen und sagte: „Wollet Eure Damen und Mädchen entlassen, vielliebe Schwester, die Sache, um die der König Euch bitten ließ, geht einzig Euch an!" – „Einzig mich?" fragte da Kriemhild erstaunt, doch sie gehorchte und entließ ihr Gefolge. Das sah Brünhild. Da ging sie allein zur Tafel und setzte sich. Sie trug die

Krone Burgunds. König Gunther aber stand mitten im Saal, und bei ihm standen Ritter aus vieler Fürsten Länder.

Kriemhild trat vor den König. „Vielliebe Schwester", sprach der König, „wisse, ich habe einen Eid um dich und deine Hand geleistet, und nun mahnt man mich, daß ich ihn einlöse, wie es sich ziemt. Ich bitte dich also um deiner Treue willen, daß du zum Gatten wählest, wen ich dir bestimmt habe!" – „Da braucht Ihr mich nicht zu bitten, viellieber Bruder", sprach Kriemhild, wie es die Sitte verlangte, „an Euch ist es zu gebieten, und an mir zu gehorchen. Wen immer Ihr mir zum Gatten gewählt, dem will ich mich nicht verweigern!" Dieweil sie aber dies sprach, suchten ihre Augen nur Siegfried. Der trat aus der Schar der Ritter, die den König umringten, und verneigte sich tief vor Kriemhild. Da wurde Kriemhild gefragt, ob sie Siegfried zum Mann nehmen wolle, und da sagte sie ja, wenn auch Befangenheit ihre Stimme zittern machte. Dann gelobte auch der junge König der Niederlande, Kriemhild zum Weibe zu nehmen, und die edelsten Herren und Gäste Burgunds waren des Zeuge. Da schlossen Siegfried und Kriemhild einander in die Arme und küßten einander vor allen Gästen, wie es Hochzeitsbrauch war. Die tausend Nibelungen umringten ihr Herrscherpaar und geleiteten es zur Tafel, und Siegfried und Kriemhild setzten sich auf den Platz gegenüber König Gunther und seiner Frau Brünhild, von deren Stirn die Krone Burgunds strahlte.

Da weinte Brünhild.

Da sprach König Gunther: „Warum weinst du, Herrin? Du solltest doch nur zur Freude Grund haben, da dir nun Burgund mit all seinen Rittern und Burgen untertan ist!"

Da sagte Brünhild: „Wird ein Weib einem unwürdigen Mann angetraut, dann ist das ein Grund zu Tränen!" Da fragte König Gunther: „Von wem sprichst du, Herrin?" Da sagte Brünhild: „Ich spreche von Kriemhild. Sie ist eine Königstochter und wird einem Unfreien vergeben. Siegfried ist doch Euer Dienstmann! Eine solche Verbindung schändet Kriemhild. Darum weine ich!"

Da sagte König Gunther: „Weine darum nicht, Herrin. Kriemhilds Vermählung ist höchst ehrenhaft. Ich werde dir das später erklären!“ Da sagte Brünhild: „Mich jammert Kriemhilds Schönheit und hoher Anstand. Ich möchte von hier fort, wenn ich nur wüßte, wohin. Ich werde nicht eher bei Euch liegen, als bis ich Siegfrieds Herkunft kenne!“ Da sagte König Gunther: „Er ist eines Königs Sohn. Er stammt aus den Niederlanden. Sein Vater besitzt dort Burgen und Lande gleich mir. Er ist ein würdiger Gemahl meiner Schwester!“ Da weinte Brünhild noch mehr. Da gab König Gunther das Zeichen, daß das Festmahl beginne.

Das Festmahl währte viele Stunden. Danach wurde getanzt und gespielt. Brünhild sprach kein Wort. König Gunther aber sprach viel zu ihr. Er war toll vor Begierde, bei ihr zu liegen. Sobald, als es nur eben schicklich war, hob er die Tafel auf.

Die neuvermählten Paare begaben sich zum Beilager. Auf der Treppe umarmten und küßten Kriemhild und Brünhild einander noch einmal, wie es die Sitte gebot. Dann folgte, von Knappen und Rittern begleitet, jede der Herrinnen ihrem Gemahl ins Schlafgemach. Da wurden Siegfried und Kriemhild einander so lieb wie das eigene Leben.

König Gunther aber ging es in dieser Nacht schlecht. Als Brünhild sich bis aufs Hemd ausgezogen hatte, blies der König die Kerze aus und versuchte sie zu umarmen, allein sie stieß ihn zurück. Sie sagte: „Ehe Ihr mir nicht Siegfrieds Geheimnis verratet, werdet Ihr nicht bekommen, wonach Euch der Sinn steht!“ Da versuchte sie König Gunther zu zwingen. Dabei zerriß er ihr Hemd. Da band Brünhild den König mit dem Gürtel, den sie immer um den Leib trug, und hängte ihn an einen Nagel an der Wand auf, damit er sie nicht mehr belästige. Dann zog sie sich vollends aus und legte sich schlafen. Da begann der König zu bitten. Er bat: „Bindet mich los, Brünhild, und ich werde Euch nie mehr zu zwingen versuchen! Das globe ich bei meiner Ritterehre!“ Da lachte Brünhild und ließ den König am Nagel hängen. So hing er die ganze Nacht, indes Brünhild schlief, und wenn er je Kräfte hatte, so schwanden sie diese Nacht dahin.

Als Brünhild am Morgen erwachte, sagte der König zu

ihr: „Bindet mich los! Ich werde Euch nicht mehr anrühren, das gelobe ich! Wenn mich meine Diener so finden, wird es Euch schlecht ergehen!“ Da lachte Brünhild und sagte: „Sie sollen nur kommen!“ Da sagte der König: „Auch Ihr, Fürstin, würdet Eure Ehre verlieren, solch einen Mann zu haben!“ Da sagte Brünhild: „Da habt Ihr wohl recht!“ Da gelobte der König ein drittes Mal, sie nicht anzurühren, wenn sie es nicht wünsche. Da band ihn Brünhild ab, und der König legte sich neben sie ins Bett und rührte sie nicht an, und nicht einmal sein Gewandzipfel streifte sie. Da traten auch schon die Diener in den Raum, das hohe Paar anzukleiden, wie es der Brauch war. Da sahen sie den König neben seiner Gemahlin liegen und sahen, daß der König erschöpft war und kaum noch atmete. Da sagten sie dem Hofe: „In dieser Nacht wurde dem Land ein Königssohn gezeugt!“ Da läuteten die Glocken über Burgund. Dann schritten die beiden Paare zum Münster, und die Priester weihten sie in Ornat und Krone. Dann zeigten sich die vier mit freudevollem Gesicht dem Volk.

An diesem Tag wurde Schwertleite gehalten. Sechshundert Knappen empfingen aus König Gunthers Hand das Schwert und gelobten, immerdar ein würdiges Mitglied der edlen Ritterschaft zu sein. Jedermann pries sie glücklich, das Schwert von einem so auserkorenen Ritter wie dem König von Burgund, dem Besieger der grausamen Fürstin von Island, empfangen zu haben. König Gunther aber wandelte traurig durch die überschäumende Freude. Das gewahrte Siegfried. Da ahnte er den Grund von Gunthers Gram.

„Nun, König Gunther“, so sprach er, „wie ist es Euch in dieser Nacht ergangen? Habt Ihr Euch der Liebe Brünhilds erfreuen dürfen?“ Da seufzte König Gunther und gestand Siegfried seine Schande, und er bat ihm bei allem, was ihm heilig wäre, stille darüber zu sein. Da sagte Siegfried: „Was Euch da widerfahren ist, mein König, das kränkt auch meine Ehre, bin ich doch jetzt Euer Anverwandter! Gebt mir freie Hand und vertraut mir, so will ich Euch die stolze Fürstin gefügig machen!“ Da war König Gunther von Herzen froh. Da sagte Siegfried: „Ich tue es nur um Kriemhilds willen, seid Ihr doch nun mein lieber Bruder!“

Da fragte der König: „Wie gedenkst du das anzufassen?“ Da sprach Siegfried: „Meine Tarnhaut soll mir gute Dienste tun! Heut nacht komme ich heimlich in Euer Schlafgemach und blase den Kämmerern die Kerzen aus. Dann will ich Euer Weib zur Liebe zwingen!“ Da sagte König Gunther: „Tu mit meiner lieben Frau, was dir richtig scheint, es darf nur nicht meine Ehre kränken! Du magst sie strafen, du magst sie schlagen, du magst ihr auch das Leben nehmen, denn sie ist ein schreckliches Weib, nur auf ihr liegen darfst du nicht, das ginge wider meine Ehre!“ Da sagte Siegfried: „Ihr könnt mir vertrauen! Ich werde Euer Eherecht nicht kränken. Ich tue es um Kriemhilds willen, denn ich liebe sie über alle Frauen!“ Da wurde es König Gunther leichter ums Herz, und er kehrte zum Fest zurück.

Der Tag war lang und von Freude durchrauscht. Die Ritter überboten einander im Turnierspiel, und sie gaben sich derart dem Wettstreit hin, daß man sie schließlich gewaltsam trennen mußte.

Es waren auch geistliche Herren gekommen, zwei Bischöfe, die führten die Königinnen zur Tafel. Das Mahl war überaus prächtig und voller Kurzweil, allein König Gunther dünkte es dreißig Jahre lang, so sehr stand ihm der Sinn nach der schönen Brünhild.

Endlich wurde die Tafel aufgehoben, und die hohen Paare gingen in ihre Gemächer. Kriemhild setzte sich auf ihr Bett und faßte Siegfrieds Hände und tändelte mit ihnen. Ihr Gesinde war noch im Gemach. Plötzlich war Kriemhilds Hand leer und Siegfried verschwunden.

Da sprach die Schöne verwundert: „Wohin verschwand mein Herr? Wer nahm unsre Hände auseinander?“ Wie ein Echo fragte sie leise: „Wer hat das bewirkt?“ Dann sprach sie nichts mehr.

Indes schritten Brünhild und Gunther feierlich, wie es die Sitte verlangte, zum zweiten Beilager durch die Burg. Kämmerer und Hofdamen mit brennenden Lichten geleiteten sie. Die Augen aller Ritter und Knappen hingen an Brünhild. Wie viele beneideten da König Gunther! Hundert der edelsten Junker, die an diesem Tag ihre Ritterweihe erhalten hatten, standen auf den Gängen und Treppen

Spalier. Als der König mit Brünhild ins Schlafgemach trat, verlöschte plötzlich ein Windstoß die Lichte. Da stutzten alle, denn die Fenster waren der Kühle vom Rhein herauf wegen verhangen. Da hieß Gunther das Gefolge sich entfernen und verriegelte die Tür. Dann verbarg er sich hinter dem Vorhang, der das Bett samt Podest und Stufen umgab. Sein Herz war zerrissen von Liebe und Leid. Es war völlig dunkel. Siegfried legte sich neben Brünhild, die sich auszog.

Brünhild sagte: „Laß das, Gunther! Sonst geht es dir noch schlimmer als die letzte Nacht!" Da umarmte sie Siegfried, und Brünhild wehrte sich. König Gunther aber stand hinter dem Vorhang und sah nichts und lauschte. Er hörte, daß die beiden rangen. Dann krachte ein Leib auf die Stufen, und Siegfried schrie auf. Dann rangen wieder zwei Leiber. Sie rangen erbittert. Dann hörte der König, daß die Königin schrie.

Sie schrie: „Rührt mein Hemd nicht an! Tut Eure Hand da weg! Wagt das ja nicht! Nun sollst du's bereuen!" Dann hörte der König Keuchen und Kämpfen. Dann hörte er Siegfried aufschrein wie in Todesnot. Dann schrie Brünhild wie ein Tier, und das Bettholz dröhnte und krachte. Es dröhnte und krachte eine Ewigkeit. Dann hörte der König Brünhild bitten: „Laß ab!" Dann flehte sie: „Edler König, laßt ab! Ich wehre Euch fortan nichts mehr! Laßt ab, ich bitt Euch, Ihr tötet mich ja! Ich bin deine Magd! Ich habe gespürt, du kannst Frauen zähmen!" Dann stöhnte Brünhild. Dann schwieg sie. Dann fühlte sich König Gunther an der Schulter gefaßt. Da fühlte er, daß Siegfrieds Hand blutig war.

„Die Teufelin hat mich gequetscht, daß mir das Blut aus den Nägeln gespritzt ist!" flüsterte Siegfried dem König ins Ohr. „Ohne die Tarnhaut mit ihren Zwölfmannskräften hätte ich sie nimmer bezwungen! Doch ich habe nichts wider die Ehre getan. Was ich getan habe, tat ich für Kriemhild. Nun geh und liege bei deinem Weib, König Gunther!" Da schlüpfte der König hinter dem Vorhang hervor und legte sich neben Brünhild. Sie lag und rührte sich nicht. Da wagte er, sie anzurühren, und sie duldete auch dies. Da war mit ihrer Jungfräulichkeit ihre Kraft gebrochen, und sie wurde bleich unter Gunthers Liebe. Fortan war sie nicht anders als andere Frauen.

Siegfried aber lag plötzlich wieder neben Kriemhild. Da fragte sie ihn, wo er gewesen. Die Fragen hatte sie genau überdacht. Doch Siegfried wollte ihr's nicht sagen. In dieser Nacht sagte er nichts, und er sagte es Kriemhild auch nicht, solange sie in Burgund waren. Aber später verriet er ihr's doch. Er hatte Brünhild auch den Gürtel, mit dem sie ihn wie Gunther hatte binden gewollt, vom bloßen Leib genommen und auch einen goldenen Fingerring. Er hatte es aus Übermut getan, doch er zog keinen Nutzen daraus. Er besaß viele Dinge, aus denen er keinen Nutzen zog. Später schenkte er Kriemhild Gürtel und Ring. Das war, da er ihr von Brünhild erzählte, damit kein Geheimnis zwischen ihnen sei. Daraus mußte Schreckliches entstehen.

Die Hochzeitsfeierlichkeiten währten zwei Wochen. Sie vergingen wie nichts. Das Glück des Herrn über Burgund funkelte ohne Maßen. Die Schätze, die er verstreute, waren nicht zu zählen. Auch Siegfried verschenkte alle Habe, die er an den Rhein gebracht hatte, und auch seine Nibelungen verschenkten all ihre Gewänder und Sättel und Rosse. Sie wußten, was braven Rittern ziemte. So endete alles in Glanz und Lust.

Wie Siegfried mit seinem Weib in die Heimat zurückkehrte

Dô die geste wâren   alle dan gevarn,
dô sprach ze sînem gesinde   Sigemundes barn:
„wir suln uns ouch bereiten   heim in mîniu lant.“
liep was ez sînem wîbe   do ez diu vrouwe rehte ervant.

Die letzten Gäste waren schon fortgezogen, da sprach auch Siegfried zu seinen tausendundelf Kriegern: „Nun wird es höchste Zeit, daß wir aufbrechen! Mich verlangt es heimzukehren, und dies schnell!“ Solche Worte vernahm Kriemhild mit Freude. Doch als sie hörte, daß Siegfried noch am selbigen Tag aufbrechen wollte, widersetzte sie sich entschieden. Sie sprach: „Mein viellieber Herr, ich rate Euch sehr, nicht derart zu drängen! Ich möchte erst, daß meine Brüder mir meinen Anteil an Land und Mannen aushändigen!“ Da sagte Siegfried ungehalten: „Warum willst du denn darauf pochen? Dir gehört mein Land, und es ist reich! Es ist hohe Zeit, daß wir von hier weggehn!“ Aber Kriemhild wollte von ihrem Anteil nicht lassen.

Da kamen die drei Schwäger Gunther, Gernot und Giselher zu Siegfried, die Abfindung zu besprechen. „Vieledler Bruder und Schwager“, so redeten sie, „vernehmt unser ritterliches Wort, daß wir Euch bis zu Eurem Tode in steter Treue verbunden sein wollen und niemals von unseren Pflichten lassen werden!“ Solche Rede tat Siegfried wohl, und er dankte dem edlen König von Herzen für dieses noble Anerbieten.

„Wir wollen nun mit Euch teilen“, sagte der junge Giselher, „das Land und die Burgen und die Mannen und alles, was uns sonst eigen ist, auch unsere Hoheiten und Gerechtsame wollen wir teilen!“ Da erwiderte Siegfried: „Ihr seid wirklich großherzig! Euer Edelmut muß mich beschämen! Möge Gott der Herr Eure Lande und auch das Volk darin stets blühen und gedeihen lassen! Mein liebes Weib braucht ihren Anteil nicht. Die Macht einer Königin der Niederlande kann nichts mehr steigern! Und was mich betrifft, so stehe ich Euch jederzeit zu Diensten, Ihr braucht es mich nur wissen zu lassen!“

Da sagte Kriemhild: „Wenn Ihr so leichtfertig Eure Mitgift ausschlagen wollt, viellieber Gemahl, so tue ich's darum mit meinem Erbe noch lange nicht! Verzichte ich schon auf das Land, so nie auf das Gefolge. Vasallen aus Burgund weiß selbst der mächtigste Fürst noch zu schätzen! Ich will auf meinem Anteil bestehen!“

„So nimm dir, wen du haben möchtest“, erwiderte Gernot, „es gibt hier ja manche, die gerne mit dir ziehen möchten! Wähle tausend aus von unsern dreitausend, sie sollen dir zu Diensten stehen!“

Da schlug Kriemhild den Herren Hagen von Tronje und Ortwin von Metz vor, mit ihr zu ziehen und ihre Lehens-

mannen zu sein. Da geriet Hagen in furchtbaren Zorn, und er schrie: „König Gunther hat nicht das Recht, uns zu verschenken! Nehmt Eure Leute mit nach Xanten; wir Tronjer bleiben unseren Herren am Rhein treu! Wir sind ihre Mannen gewesen und werden es immer sein! Ihr müßtet uns darin doch kennen, Frau Kriemhild!"
Da bat Kriemhild Hagen nicht mehr und auch nicht mehr andere Herren. Sie rief ihr Hofgefolge zusammen, das waren zweiunddreißig Mädchen und fünfhundert Mann. Markgraf Eckewart schloß sich Siegfried an. Dann nahm man Abschied mit Tränen und Küssen, wie es die Sitte gebot.

König Gunther sandte Boten aus, daß den Reisenden, wo immer sie es auch wünschten, Quartier bereitet werde. Andere Boten jagten nach Xanten, Siegfrieds und Kriemhilds Ankunft zu melden. Da weinten Siegmund und Sieglind voll Glück, und sie spendeten von Herzen gern leuchtenden Samt und schweres Gold als Botenbrot. König Siegmund sagte: „Wenn mein Sohn heil heimkehrt, so soll er statt meiner den Thron besteigen! Wie wird mein Herz da der Seligkeit voll sein!"

Da rüstete man in Xanten zum großen Fest, und als man es feierte, staunten sogar die prachtgewöhnten Ritter aus Worms ob dieses Aufwands. Solche Wunderdinge an Kleidung und Schmuck und Waffen hatten sie selbst am Burgunder Hof nicht zu sehen bekommen! Die Mägde trugen Kleider aus karmesinrotem Pfellel, der war völlig mit Perlen überstickt, und jede Perle war eigens in Gold gefaßt, und auch jede Naht war aus Gold, und das Gold war abermals mit Gold umschlossen. Solcher Aufwand war unerhört, und die fünfhundert Ritter priesen sich glücklich, von Kriemhild an solch einen milden Hof gezogen zu sein.

Siegmund aber trat seinem Sohn Siegfried feierlich vor dem Hofrat die Krone ab. Des waren die Herren wohl zufrieden, und Siegfried regierte zehn Jahre lang zum Ruhme der Ritterschaft. Er wußte das Recht zu wahren und die Schwachen zu schützen. Das Volk liebte ihn, und die Friedensbrecher und Räuber fürchteten seine machtvolle Hand. In diesen Jahren starb Frau Sieglind, und

Kriemhild gewann ihre Krone. Siegfried aber vereinte die Niederlande mit dem Reiche der Nibelungen und wurde so zum mächtigsten König. Die Fülle seines Hortes war unermeßlich, und unermeßlich war auch sein Glück.

Auch König Gunther und seine Brüder Gernot und Giselher regierten in Worms so gerecht und gut, wie es braver Ritter Pflicht ist. So vergingen zehn Jahre.

Wie König Gunther Siegfried zum Hoffest lud

Nu gedâht' ouch alle zîte   daz Guntheres wîp:
„wie treit et alsô hôhe   vrou Kriemhild den lîp?
nu is doch unser eigen   Sîfrít ir man:
er hât uns nu vil lange   lützel díensté getân."

In diesen zehn Jahren aber sann Brünhild unaufhörlich Siegfrieds Geheimnis nach. Sie dachte: Wieso konnte sich Kriemhild damals derart brüsten? Wieso kommt Siegfried nie an unsern Hof, wo er doch unser Lehnsmann ist? Warum ist er ungestraft so säumig? Warum schickt er uns keine Steuern? Warum hat er uns nie einen Krieger gestellt?

Diese Sorge fraß ihr am Herzen, wenn sie's auch nicht verriet. Zehn Jahre sorgte und sann sie so. Dann hielt sie es nicht mehr aus.

Sie sagte ihrem Gemahl: „Ich möchte die edle Kriemhild gern wiedersehn!" König Gunther aber war froh, Siegfried fern zu wissen. Er sagte deshalb: „Das ist unmöglich, vielliebe Frau, wie sollte ich meine Schwester denn herrufen können? Sie wohnt ja so schrecklich weitab. Ich mag sie nicht gern darum bitten, und befehlen kann ich ihr's nicht!" Da sagte Brünhild: „Einen Lehnsmann kann man doch einfach beordern! Ihr brauchtet Siegfried nur zu rufen, und schon wäre mein Herzenswunsch erfüllt! Wirklich, ich verzehre mich vor Sehnsucht nach Kriemhild! Ich muß immer daran denken, wie glücklich wir auf unserer Hochzeit zusammen saßen und plauderten! Sie hat weiß Gott einen wackeren Mann bekommen!"

So redete Brünhild immer wieder, und sie drängte Gunther so lange, bis er schließlich Markgraf Gero mit dreißig Rittern aussandte, Siegfried und Kriemhild in Xanten aufzusuchen, sie in allen Ehren zu grüßen und König wie Königin noch vor der Sonnenwende zu einem glänzenden Fest nach Worms zu bitten.

Die dreißig waren über drei Wochen unterwegs, denn sie trafen Siegfried in Xanten nicht an und mußten ins Nibelungenland weiterreisen. Das lag in Norwegen, und bis dort hinauf war ein weiter Weg. Als die Boten Burgunds endlich dort ankamen, waren sie samt ihren Rossen zu Tode erschöpft.

Kriemhild jubelte, als sie vom Fenster aus die vertraute burgundische Tracht des Markgrafen und seiner Mannen erblickte. Wie glücklich die Schöne da war, wie froh ihr Herz da schlug! „Ich traue meinen Augen nicht, seht doch auch Ihr“, so sprach sie zu Siegfried, „steht da wirklich Herr Gero mit Kriegern aus Worms unten im Hof? Ich bitte Euch, empfangt sie freundlich. Gewiß sendet sie mein Bruder Gunther! Hoffentlich bringen sie gute Nachricht!“ Da sagte Siegfried: „Sie sollen uns willkommen sein!“

Siegfried und Kriemhild empfingen die Boten höchst ehrenvoll. Sie boten ihnen Wein an und hießen sie sich setzen. Allein so müde Markgraf Gero auch war, er dankte und sagte, er wolle sich seiner Botschaft stehend entledigen, wie es sich vor einem König gezieme. So überbrachte er die Grüße und die Einladung König Gunthers aufs würdigste. „Gott lohne Euch diesen Dienst, vieledler Ritter“, sprach Siegfried, als Gero geendet hatte. „Ihr habt uns wahrhaftig die liebste Kunde gebracht! Meine Frau denkt gewißlich nicht anders darüber! Wir sind glücklich zu hören, daß es Frau Ute und meinen lieben Schwägern gut geht und daß ihr Land sich des Friedens erfreut. Wir würden sie gerne auch wiedersehen, allein der Weg ist weit und die Reise beschwerlich; das sage ich nicht um meinet-, das sage ich um Kriemhilds willen!“ Da sagte Gero: „Auch die Königin Brünhild bittet Euch sehr! Sie verzehrt sich vor Sehnsucht, die holde Schwägerin in die Arme zu schließen!“ Da freute sich Kriemhild, und sie sagte ihrem Mann, daß sie gern fahren wolle.

Die Boten wurden aufs trefflichste beherbergt und bewirtet und blieben zehn Tage im Nibelungenland. Siegfried beriet sich indes mit seinen Recken. Er bat auch seinen Vater Siegmund, der sich gerade in Norwegen aufhielt, um Rat. Da sprachen die Nibelungen: „Wir sind unser tausend. Wir schützen Euch. Fahrt getrost, wenn Ihr es für gut haltet!“ Auch Siegmund riet sehr zu dieser Reise und sagte, er werde selbst seinen lieben Sohn Siegfried und seine liebe Tochter Kriemhild mit hundert auserlesenen Rittern begleiten; er freue sich so sehr, Worms einmal zu sehen und bei einem burgundischen Fest zugegen zu sein! Da sagte Siegfried zu Markgraf Gero, er nehme die Einladung des Königs mit Dank und Ergebenheit an und werde noch vor der Sommersonnenwende in Burgund eintreffen, obwohl der Weg dahin über dreißig Lande führe. Da rüstete man mit Macht zur Fahrt, und der Markgraf Eckewart wurde von Siegfried zum Reisemarschall bestellt.

Reich beschenkt kehrte Markgraf Gero mit seinen Mannen nach Worms zurück. Man sagt, Kriemhild habe ihm so viel Schätze aufgeladen, daß die Pferde zusammenbrachen und man Lastwagen beschaffen mußte. Lautes Staunen erhob sich denn auch am Rhein, als die Ritter ihren Botenlohn zeigten. Solche Reichtümer hatte man in Worms noch nicht erblickt, und jedermann war der Bewunderung voll. Da sagte Hagen: „Herr Siegfried hat leicht große Geschenke machen! Ihm steht der Nibelungenhort zu Diensten! Ah, wenn der einmal nach Burgund käme! Er sollte uns mächtig machen über alle Welt!“

Wie Siegfried mit seinem Weibe zum Hoffest reiste

Alle ir unmuoze   die lâzen wir nu sîn
und sagen wie vrou Kriemhilt   unt ouch ir magedîn
gegen Rîne fuoren   von Nibelunge lant.
nie getruogen mœre   sô manic rîché gewant.

Kriemhild war überglücklich, wieder nach Worms zu kommen. Sie ließ ihre Mädchen Kästen und Truhen füllen, als wollte sie ganz Burgund mit Seide auslegen und das Bett des Rheins mit Geschmeide polstern. Auch Siegfried freute sich, König Gunther und seine Herren wiederzusehen, und König Siegmund war glücklich ob seiner Kinder Glück. So zog man wohlgemut auf die weite Reise, und keiner ahnte, daß es ins Verderben ging.

König Gunther rüstete indes für den würdigsten Empfang. Er ließ seine Gemahlin zu sich bitten und fragte: „Erinnert Ihr Euch, liebste Herrin, wie Euch seinerzeit Kriemhild willkommen geheißen? Ich wünschte sehr, daß Ihr meine Schwester nicht minder freundlich empfinget und also Gleiches mit Gleichem vergeltet!“ Da sagte Brünhild: „Ich höre gern, daß Kriemhild kommt. Sie ist mir teuer, und ich werde sie würdig empfangen!“ – „Sie treffen schon morgen früh ein“, sagte König Gunther, „macht Euch bereit, ich bitte Euch sehr!“

Es wurde ein glänzender Empfang, und wer sich erinnern konnte, meinte, daß Brünhilds Aufwand noch größer war als seinerzeit die Vorkehrungen Kriemhilds. Die beiden Frauen umarmten und küßten einander wohl tausendmal. Sie hatten sich in nichts verändert. Es war, als ob die Zeit stehengeblieben und das verflossene Jahrzehnt nur ein Nu gewesen wäre.

König Siegmund war hoch beglückt. Er sah, wie sein Sohn von allen Herren und Kriegern mit der größten Herzlichkeit empfangen wurde. Nur ein Ritter ohne Tadel und Fehle wird so geliebt. Da sprach Siegmund zu König Gunther: „Gott möge es Eurer Sippe lohnen, vieledler König, daß wir solches Heil von ihr empfangen und erfahren haben! Schon lange wollte ich Euch das sagen! Wie froh bin ich, daß ich noch vor meinem Hingehen dazu Gelegenheit habe! Es hat mir auf dem Herzen gebrannt!“

Da sagte König Gunther: „Euer Glück und das meine sind eins! Nun möge das Fest beginnen! Nie war ein Anlaß je günstiger!“

So begann das Fest. Die Herren Hagen von Tronje und Ortwin von Metz leiteten seinen Ablauf. Sie hatten an alles gedacht und sorgten sich unermüdlich um ihre Gäste. Nichts entging ihrer Aufmerksamkeit. Die Spiele waren großartig, die Tafel köstlich, die Quartiere behaglich, die Kurzweil voll Lust. Kein Wunsch blieb unbefriedigt, kein Begehr unerfüllt, kein Gebot der Höfischkeit unbefolgt. Wahrhaftig, da gab es kein Ruhmeswort, das glänzend genug gewesen wäre für der beiden Verdienste.

Zur Tafel erschien Siegfried immer mit all seinen Kriegern, und das waren elfhundert. Sie saßen um ihn wie ein Ring aus spiegelndem Stahl. Da dachte Brünhild: Das soll ein Lehnsmann sein, und er tritt wie ein Herr auf! Das ist höchst sonderbar!

Allein ihre Frage ertrank in der Festesfreude, und darüber war auch Brünhild froh. Sie gönnte Siegfried ehrlich sein Glück. Sie war freundlich zu Kriemhild. Die beiden Königinnen zeigten sich nur gemeinsam; sie schritten gemeinsam zur Kirche und zum Turnierplatz, und ihre Gefolge waren eins. So ging es zehn Tage lang. Dann aber begann der elfte Tag.

Wie die Königinnen einander beschimpften

Vor einer vesperzîte huop sich grôz ungemach,
daz von manigem recken ûf dem hove geschach.
si pflâgen ritterschefte durch kurzewîle wân.
dô liefen dar durch schouwen vil manic wîp unde man.

Am elften Tag ergab es sich in der Abendstunde beim letzten Turnier, daß die Königinnen zusammensaßen und dem Lanzenstechen zuschauten und dabei jede an einen Helden dachte. Die Wappen aller Herren Länder prangten von den Waffenröcken der Kämpfer. Plötzlich sagte die schöne Kriemhild: „Ich habe einen Mann, der verdiente wohl, Herr über all diese Länder zu sein!“ Da fragte Brünhild erstaunt: „Wie willst du dir das denn vorstellen, Liebes? Da müßtet ihr ja beide allein auf der Welt sein, denn solange Gunther lebt, ist das bloß ein Traum!“ – „So sieh ihn doch an!“ erwiderte Kriemhild, „sieh doch nur, wie er dort vor den Recken steht! Der herrscherliche Mond vor dem Gefolge der Sterne! Gott, wie bin ich stolz auf ihn!“ – „Nun ja, er ist tüchtig und sieht gut aus, und man mag ihn wohl leiden“, entgegnete Brünhild, „doch mit deinem Bruder Gunther kann er sich nicht messen! Der steht über allen Kronen, das weißt du doch genau!“

In der Kampfbahn splitterten die Speere.

Da sagte Kriemhild: „Höre, ich habe nicht ohne Grund so stolz von meinem Mann gesprochen! Er hat sich oftmals als ehrenvoller Held erwiesen. Du kannst mir schon glauben, Brünhild, daß er Gunther ebenbürtig ist!“

Da wurde Brünhild verstimmt, und sie sagte: „Nimm es mir bitte nicht krumm, Kriemhild, aber ich hab's ja schließlich aus beider Mund gehört! Auf Island, wo ich sie das erstemal im Leben erblickte und wo Gunther mich im ritterlichen Kampf besiegt und mich mit seiner Umarmung beglückt hat, da nannte dein Siegfried sich selbst meines Gunthers Dienstmann, und er hat ihm das Pferd zum Aufsitzen gehalten, das hab ich gesehen, und er hat sich von ihm auf eine Dienstfahrt schicken lassen, das habe ich schließlich auch gesehen! Wenn er sich selbst als unfrei bekannt hat, so darf ich ihn wohl auch so nennen!“ – „Meinst du denn wirklich“, sagte darauf die schöne Kriemhild verärgert, „meine Brüder hätten mir solch einen Schimpf angetan und mich einem Leibeigenen vergeben? So Übles hätte geschehen können? Ich bitte dich bei unsrer Freundschaft, Brünhild, solche Reden zu lassen!“

Da rief des Königs Weib: „Ich kann aber darüber nicht schweigen! Ich sehe nicht ein, warum ich auf alle die Ritter und Dienste verzichten soll, die Siegfrieds Lehnspflicht uns bringen müßte!“

Da sprang Kriemhild auf, sie war rot vor Zorn. „Du wirst dich endlich damit abfinden müssen, keinen Anspruch auf

Siegfried und mich zu haben!“ sprach sie. „Mein Mann ist von edlerem Geschlecht als mein Bruder! Es ist doch komisch, daß er dir Zins und Dienste so lange vorenthalten konnte, wenn du unsere mächtige Herrin bist und er dein Leibeigener! Und jetzt hör auf, davon zu reden! Ich habe deinen Hochmut satt!“

Da wurde Brünhild rot vor Zorn. „Du wirst überheblich!“ schrie sie, „jetzt wollen wir endlich einmal klarstellen, wem hier die Ehre der Herrin zukommt!“ – „Das soll sofort geschehen!“ rief da Kriemhild, „heute abend beim Kirchgang soll alle Welt sehen, daß ich die Frau eines Freien bin! Ich werde vor Gunthers Weib in den Dom gehen, und ich warne dich, mich aufzuhalten, Brünhild, ich warne dich! Siegfrieds Frau steht über allen Kronen!“

In der Kampfbahn verschollen Lärm und Staub.

„Das wird sich ja zeigen“, sagte Brünhild, „heute abend beim Kirchgang! Wenn du keine Lehnsfrau sein willst, so erscheine nur mit getrenntem Gefolge! Dann wirst du gewahren, wer Königin ist!“

„Bei Gott“, rief da Kriemhild, „so soll es geschehen! So soll es also und also geschehen!“

Da eilten die Königinnen in ihre Gemächer. „Auf, Mädchen“, sprach Kriemhild, „legt euer bestes Gewand an und tut euren prächtigsten Schmuck um! Heut abend beim Kirchgang gilt es zu zeigen, wer wir sind!“ Das ließen sich die Mädchen und Frauen nicht zweimal befehlen, und auch Kriemhild traf beim Ankleiden ihre Anstalten. Strahlend in Purpur und rotem Gold schritt sie zur Abendandacht, gefolgt von dreiundvierzig Jungfrauen in sonnenhafter arabischer Seide und tausend Nibelungen in Stahl. Die Reichtümer dreißiger Königreiche waren ein Nichts gegen das Gewand auf dem Leibe nur eines der Mädchen. Da staunte das Volk auf der Straße und wunderte sich und sagte: „Was ist geschehen, daß die Königinnen nicht gemeinsam zur Mette gehen? Sie haben sich wohl zerstritten! Laßt uns davon nicht so laut reden! Wer weiß, was daraus entsteht!“

Vor dem Münster wartete schon Brünhild. Auch sie strahlte in Purpur und rotem Gold. So stießen sie aufeinander.

Das Nordportal (sogenanntes Kaiserportal) des Wormser Domes. Hier stellt sich der Dichter des Nibelungenliedes den Streit der Königinnen vor.

„Halt ein!“ sprach Brünhild. „Halt ein! Vor der Königin tritt die Frau eines Dienstmanns zurück!“

„Du hättest schweigen sollen“, sagte da Kriemhild. „Doch da du es nicht anders willst, soll deine Schande offenbar werden! Wie wurde die Hure eines Dienstmannes wohl Königin?“

„Wen schimpfst du eine Hure?“ fragte da des Königs Weib.

„Dich schimpfe ich so“, sprach Kriemhild, „es war mein Mann und nicht mein Bruder, der dich zuerst gehabt hat! Es war ein schlauer Plan, und du bist darauf hereingefallen! Wie hätte ein Dienstmann dich wohl entjungfern dürfen!“

Da schrie Brünhild: „Das ist nicht wahr! Das melde ich dem König!“

„Ja, tu's nur“, schrie da auch Kriemhild, „tu's nur! Es soll alles ans Licht kommen! Du hast mich in deiner Hoffart zur Leibeigenen machen gewollt, so fahre dafür hinunter in deine Schande! Ich habe lang genug geschwiegen! Nun muß die Wahrheit ans Licht!“

Da weinte Brünhild. Da betrat Kriemhild vor der Königin von Burgund die Kirche. Da wurden lichte Augen trübe vor Haß.

Die Mette begann. Herrliche Stimmen sangen Gottes Ruhm und Ehre. König Gunthers Weib aber hörte sie nicht. Sie dachte: Wenn Siegfried das wirklich gesagt hat, so muß er sterben. Das letzte Wort des Priesters war noch nicht gesprochen, da ging sie mit ihrem Gefolge hinaus.

Vor dem Münster wartete sie auf Kriemhild. Die erschien im Gefolge der Nibelungen. „Ihr habt mich Hure geschimpft“, sagte Brünhild, „wie wollt Ihr dieses Schandwort beweisen? Glaubt Ihr, ich ließe mich derart verleumden? Heraus mit Eurem Beweis!“

Da sagte Kriemhild: „Kennt Ihr diesen Ring? Nicht wahr, er gehört Euch! Mein Siegfried zog ihn Euch vom Finger, als er Euch die Unschuld genommen hat!“

Das war Brünhilds schwerste Stunde. Der blinde Zorn übermannte sie, und sie schrie: „Nun weiß ich endlich, wer mir den Ring gestohlen hat! Ich vermisse ihn schon lange! Er lag in meiner Truhe, und jeder Dieb konnte ihn nehmen!“ Da raffte Kriemhild ihren Mantel, ihr Kleid und ihr Hemd auf. „Und was ist das?“ schrie sie, „kennst du diesen Gürtel? Ich trage ihn auf dem Leib, so wie du ihn getragen! Den hast du nie abgelegt! Kein Dieb hätte dir ihn stehlen können! Mein Siegfried hat ihn dir genommen!“

Da brach Brünhild auf den Stufen zusammen.

Nach einer Weile faßte sich die Königin und sagte: „Meldet dies alles dem König! Seine Schwester hat hier behauptet, Siegfried habe mich als erster besessen!“ Da eilten die Boten. Alsdann erschien der König mit seinem Hof.

„Wer hat gewagt, Euch zu kränken, vielliebe Herrin?“ rief er, da er Brünhild weinen sah. Da sagte Brünhild: „Eure Schwester hat mich Siegfrieds Hure genannt!“

Da sagte Gunther: „Das war übel von ihr!“

Da sagte Brünhild: „Sie trägt meinen Ring und meinen Gürtel, die ich beide seit langem vermisse. Sie sagt, ihr Mann habe mich entjungfert und dies seien seine Pfänder! Ich kann nicht weiterleben, wenn du diese Schmach nicht von mir nimmst!“

Da wurde König Gunther grau und biß sich auf die Lippen und sagte: „Man soll sofort nach Herrn Siegfried von den Niederlanden senden, daß er erscheine und Zeugnis ablege, ob er sich dessen, was ihm hier vorgeworfen wird, je öffentlich gerühmt hat! Er soll es eingestehn oder widerlegen!“ Da rannten die Boten. Als Siegfried erschien und die Frauen weinen sah, sprach er in Arglosigkeit: „Was weinen die Frauen? Was ist hier geschehen?“ – „Ungutes“, erwiderte König Gunther, „meine Frau Brünhild klagt dich hier an, du habest geprahlt, sie als erster geliebt zu haben. Dein eigenes Weib Kriemhild hätte das behauptet!“

Da sagte der starke Siegfried: „Wenn mein Weib so etwas geredet hat, so will ich dafür sorgen, daß es sie reut! Ich kann dir vor allen den Herren hier eidlich erklären, daß ich das nie gesagt habe!“

Da sprach der Fürst vom Rhein: „Das mußt du aber eidlich erhärten, und zwar in aller Form! Bist du auf der Stelle zu schwören bereit, so spreche ich dich frei von jedem Verdacht!“ Da bildeten die Herren einen Kreis, wie es bei feierlichen Schwüren der Brauch war, und Siegfried trat in ihre Mitte. Er hob die Schwurhand, doch ehe er noch ein Wort hatte sagen können, rief der König hastig: „Eure Unschuld ist mir wohlbekannt, Ritter Siegfried! Ich erlasse Euch den Eid! Ihr habt nicht getan, wessen Euch meine Schwester beschuldigt! Das ganze ist eine böse Verleumdung!“

Da blickten die Ritter einander wortlos an.

Da sagte Siegfried: „Es tut mir unendlich leid, daß mein Weib Brünhild so tief gekränkt hat, und es wird ihr nicht straflos durchgehen, verlaßt Euch darauf! Man soll die Frauen erziehn, freche Reden zu lassen! Verweise du es deinem Weibe, dem meinen verweise ich es gewiß! Wahrlich, ich schäme mich, daß sie die Sitten so gröblich verletzt hat! Sie hat sich benommen wie eine Bauernmagd!“

Da weinten beide Königinnen.

Indes war es dunkel geworden, und alle gingen in ihre Gemächer. Die Nibelungen geleiteten Kriemhild vom Münster zur Burg. Während des Weges übten sie sich im Schlagen und Stechen. Da wollten die Burgunder zu den Waffen greifen, allein König Gunther untersagte es ihnen. Fortan blieb Feindschaft zwischen den Gefolgen. Siegfried aber war nicht bei seiner Frau.

Obwohl es schon spät war und die Zeit dazu unziemlich, ließ sich Hagen von Tronje noch bei Brünhild melden. Sie empfing ihn sofort. „Nun muß Siegfried ernten, was er gesät hat“, sagte er, „sonst wird keiner von uns mehr froh!“ Da traten auch Gernot und Ortwin in Brünhilds Gemach. „Was soll nun werden?“ fragte Brünhild. – „Man muß Siegfried töten“, sagte Hagen. Da nickten Gernot und Ortwin. Da lachte Brünhild.

Nun kam auch Giselher in Brünhilds Gemach. Als er von den Plänen erfuhr, sprach er entsetzt: „Vieledle Ritter, was wollt Ihr da tun? Siegfried hat solchen Haß nicht verdient! Es war doch nichts als Weibergeschwätz, das kann man doch nicht so wichtig nehmen!“

Da sagte Hagen: „Sollen wir einen Kuckuck hier aufziehn, daß er uns alle aus dem Nest wirft? Man muß doch blind sein, um nicht zu sehen, daß hier eine Hand nach Burgund greift! Er oder wir, das ist die Frage!“

Da trat König Gunther in Brünhilds Gemach. Er sagte noch unter der Tür: „Ihr Herren, ich will keinesfalls Siegfrieds Tod! Er hat uns immerdar Hilfe erwiesen! Wie sollte ich ihm da zürnen! Ich möchte nicht, daß man ihm ein Leid tut!“

In dieser Nacht kamen alle hochedlen Herren Burgunds in Brünhilds Gemach. Sie rieten und wogen Verlust und Gewinn. Ortwin von Metz sagte: „Was redet ihr da immer von Siegfrieds Stärke! Ich erbiete mich, ihn zu töten, wenn es der König erlaubt!“ Da sagte König Gunther: „Wir haben alle Heil und Gewinn aus seiner Stärke und seinen Gaben gezogen! Wir sollten sie auch ferner nutzen! Er dient uns gewiß jetzt treuer denn je! Sollte er aber etwas wittern, bleibt keiner von uns verschont! Bedenkt: Er ist unmäßig stark und am ganzen Leib gehörnt!“

Da verließen manche Herren stumm das Gemach. Hagen aber sagte: „Jeder Zauber hat seine taube Stelle! Auch Siegfried wird nicht unverwundbar sein! Hat er aber ein Geheimnis, so wird er es Kriemhild verraten haben! Er ist von der Art, die ihr Herz teilen müssen!“

Da sagte einer: „Kriemhild ist nicht dieses Schlags. Sie wird schweigen.“ Da sagte Hagen: „Sie ist von unserem Stamm und unserer Sippe. Bedenkt: Ihr wurde die schlimmste Schmach angetan!“

Da schwiegen alle Herren.

König Gunther aber sprach: „Wir wollen Hagen vertrauen! Laßt uns nach seinem Ratschlag handeln! Er hat schon immer Burgund zum Heil gereicht!“

Wie Siegfried verraten wurde

An dem vierden morgen zwên' und drîzec man
sach man ze hove rîten. daz wart dô kunt getân
Gunther dem vil rîchen im wære widerseit.
von lüge erwuohsen vrouwen diu aller grœzésten leit.

Am nächsten Morgen sah man zweiunddreißig Ritter mit geschlossenen Helmen zur Burg reiten. Die Wappen auf ihren Schilden waren unkenntlich von Staub. König Gunther empfing sie sofort. Da verbreitete sich in Worms das Gerücht, König Liudeger und König Liudegast hätten den Frieden aufgesagt und wollten Burgund mit Krieg überziehen. Dies Gerücht drang auch zu Siegfried, der wie immer auf dem Turnierfeld ritt. Da bat der Held König Gunther, ihn zu empfangen, und sprach: „Warum habt Ihr nicht sofort nach mir gesandt, König Gunther? Vertraut Ihr mir etwa nicht mehr? Das würde mich aufs tiefste kränken! Mit Freuden stehe ich Euch bei. Ich habe diese Könige ja schon einmal gezüchtigt, laßt es mich nun ein zweites Mal tun! Ich will sie lehren, ihr Wort zu brechen und frech nach Eurem Besitz zu greifen! Ich will ihre Burgen zerhaun und ihre Lande verwüsten, daß kein Stein auf dem andern bleibt und kein Halm mehr grünt! Das gelobe ich Euch!"

„Wie schön ist es", sprach König Gunther, „solch einen edlen Freund bei sich zu wissen!" Und er verneigte sich tief vor Siegfried, da er dies sprach. Dann hieß er alle Vorkehrungen zum Feldzug treffen; ein stattlicher Troß wurde gerüstet, und Siegfrieds Mannen schnallten Helme und Harnische auf die Saumtiere. König Siegmund wollte mit seinem Sohn ziehen, allein Siegfried bat ihn zu bleiben. „Wenn Gott es gibt, kehren wir bald zurück", sagte der Held, „lebt derweilen unbesorgt bei unseren Freunden!" Da flatterten die Fahnentücher von den Schäften, und wieder weinten viele Mädchen und Frauen, denn sie wußten ja nicht, daß alles nur List war.

Hagen ließ sich bei Kriemhild melden. Ihr Gatte hatte die Schöne so gezüchtigt, daß sie noch nicht gehen konnte, und so empfing sie den Besucher in ihrer Kemenate auf dem Ruhebett. Insgeheim lachte Hagen, da er Kriemhild so sah. „Ich komme, mich vor dem Kampf von Euch zu verabschieden, vieledle Frau", sagte Hagen, wie es die Sitte gebot.

Vom Hof her scholl der Lärm des Aufbruchs.

„Ich bin überglücklich", sagte Kriemhild, „einen Gatten gewonnen zu haben, der meiner Sippe so hilfreich beisteht, wie Herr Siegfried dies tut. Solch Wissen macht mich froh und stolz. Vergeßt aber auch Ihr nicht, teurer Freund Hagen", fuhr die Königin fort, „wie treu und tief ich Euch immer verbunden war! Möge Eure Sorge darum meinem lieben Gemahl zugute kommen, und dies um so mehr, da er mich für meine Rede, die Frau Brünhild so kränkte, bitter hat büßen lassen. Er hat mich furchtbar dafür geschlagen, der kühne und tapfere Held!"

"Sprecht nicht mehr davon, vieledle Herrin", entgegnete da Hagen, „das ist ja alles längst vergessen, und jetzt, da die Fehde angesagt ist, müssen wir alle zusammenstehen! Ich bin eigens gekommen, Euch dies zu sagen und Euch zu fragen, ob Ihr irgendeinen Dienst wißt, den ich Eurem lieben Gemahl leisten könnte! Ich erwiese ihn keinem lieber als gerade ihm und ließe mir diese Pflicht auch von niemandem nehmen!"

Da sagte Kriemhild: „Ich bange um Siegfrieds Leben, Freund Hagen. In der Schlacht mag sein Panzer aus Horn ihn schützen, wenn er sich nicht mehr als ein andrer hervortut. Allein er ist tollkühn und liebt das Abenteuer zu sehr!"

Da nickte Hagen.

„Er vergißt sich dann und weiß nicht, was er tut", sagte Kriemhild.

Hagen schwieg.

Kriemhild wartete.

„Herrin", sagte Hagen, „wenn er an irgendeiner Stelle verletzbar ist, so sagt es mir. Ich könnte dann mein Augenmerk darauf richten!" – „Wir sind Verwandte", entgegnete daraufhin Kriemhild, „du bist mit mir verbunden, und ich bin es mit dir. Wer sollte uns die Treue halten, wenn wir nicht einander selbst! Ich lege das Leben Siegfrieds in deine Hände. Wisse: Als er im Drachenblut badete und das Blut

Todesurteil

ihn hörnte, fiel ihm ein Lindenblatt zwischen die Schultern. Dort ist Siegfried tötbar! Darum habe ich Sorge, daß eine Klinge einmal genau dorthin trifft, wenn die Speere fliegen! Es war ein breites Blatt, und eine Klinge könnte von dort aus das Herz finden!“ Und sie sagte: „Ich habe dir das in tiefstem Vertrauen erzählt, und ich hoffe, daß du dich allezeit treu erweisest!“

„Ihr müßt mir die Stelle genau kennzeichnen, Herrin“, sprach Hagen, „wenn Ihr wollt, daß ich meine Augen nicht von ihr wende!“

„Das will ich also nun tun“, sprach Kriemhild, „ich werde mit feinster Seide ein Kreuz auf seinen Waffenrock sticken, dann könnt Ihr immer bereit sein, Euch Siegfrieds anzunehmen, wenn ihn die Feinde im Handgemenge umdrängen!“

„Das tue ich gern, liebste Herrin!“ sprach Hagen. „Das gelobe ich Euch!“

So wurde Siegfried verraten.

So kann dem Tod bringen, was zur Rettung bestimmt ist.

So kann der Haß einen Menschen führen.

So ruchlose Ränke spann die alte Zeit.

Am anderen Morgen ritt Siegfried mit seinen tausend Nibelungen hochgemut ins Feld. Dicht hinter ihm ritt Hagen von Tronje. Eine Weile schaute er auf den Waffenrock von Kriemhilds Mann, als wolle er schätzen, aus welcher Seide er gewebt sei. Dann verhielt er sein Pferd. Als Siegfried außer Sicht war, sandte Hagen heimlich einen Boten aus.

Kurze Zeit später sprengten plötzlich zwei Ritter mit geschlossenem Helm zur Burg. Man konnte ihr Gesicht nicht sehen, weil der Stahl es deckte, und ihr Wappen war unkenntlich von Staub. Sie verlangten, vor König Gunther geführt zu werden, und wurden sofort von ihm empfangen. Da verbreitete sich in Worms das Gerücht, die Könige Liudeger und Liudegast hätten vernommen, daß Siegfried mit in den Krieg ziehe und hätten daraufhin sofort die Fehde abgeschworen. Da läuteten auch schon die Glocken, und viele Mienen wurden wieder licht und viele Augen hell und trocken. Siegfried aber sagte unwillig: „Nun ist alle meine Freude dahin! Ich hätte die Frechen zu gerne gezüchtigt! Es wäre eine ruhmreiche Fahrt geworden! Nein, sie sollen es nicht so leicht haben, die übermütigen Könige! Ich will dennoch reiten und ihnen das Fell gerben!"

Nur mit Mühe konnte man ihn bewegen, zurückzukehren.

Im Burghof empfing König Gunther die Kriegsschar. Er schritt Siegfried entgegen und sprach mit bewegter Stimme: „Ich danke Euch für Eure Treue, vieledler Herr Siegfried! Kein andrer steht meinem Herzen näher als Ihr!" – „Es ist nur schade", entgegnete der Held und lachte, „daß unser Abenteuer endete, ehe es noch begann! Ich hatte mich auf den Kampf gefreut!" Da sagte der König: „Laßt mich uns alle durch eine Jagd entschädigen! Wir wollen wieder einmal in den Vogesenwald reiten und dort unter den Bären und Schweinen aufräumen, konnten wir's schon unterm Feind nicht tun! Wer mithalten will, ist herzlich eingeladen; wer aber lieber daheim bei den Frauen sein möchte, kann natürlich bleiben! Er wird im Kreis der Schönen Kurzweil genug finden. Tue jeder, was ihm beliebt!"

„Mir fällt die Wahl nicht schwer", sagte da Siegfried, „ich reite selbstverständlich mit Euch. Ein Jäger und ein paar Spürhunde werden für mich ja wohl aufzutreiben sein!"

Da sagte König Gunther: „Braucht Ihr nur einen einzigen Jäger, Siegfried? Ich gebe Euch gern deren vier, wenn es nötig ist! Sie kennen den Wald, jeden Weg und Steg und alle Stellen, wo das Wild zur Tränke wechselt. Sie werden Euch sicher richtig führen!"

Da eilte Siegfried zu seinem Weib Kriemhild, sich Abschied für die Jagd zu erbitten. Indes standen König Gunther und Hagen beieinander. Hagen redete, und König Gunther hörte ihm zu. Über Worms schallten noch immer die Glocken, und Frauen lachten, und Jagdhörner bliesen.

Wie Siegfried erschlagen wurde

Gunther und Hagene die récken vil balt
lóbten mit úntriuwen ein pirsen in den walt.
mit ir scharpfen gêren si wolden jagen swîn
bern unde wisende: waz möhte küenérs gesîn?

Als Siegfried Kriemhild verlassen wollte, begann sie plötzlich zu weinen, wie es Sitte bei feierlichem Abschied war. „Leb wohl und weine nicht!“ sprach Siegfried und küßte die Schöne. „Gott lasse mich dich gesund und heil wiederfinden! In ein paar Tagen kehre ich zurück, vergnüge dich solange gut!“

Kriemhild hatte nicht gedacht, Siegfried noch einmal zu sehen. Nun kam ihr wieder vor den Sinn, was sie mit Hagen gesprochen, jedes Wort und jeder Blick, und es zerbrach ihr Herz. Sie schrie: „Ach wäre ich doch nie geboren! Ach wäre doch mein Leben dahin!“ Sie wollte Siegfried jetzt alles sagen, aber sie wagte es nicht. Sie dachte: Er kann es mir nicht glauben. Sie dachte: Wie könnte ich es sagen! Da flehte sie: „Liebster, geh heute nicht zur Jagd! Ich bitte dich bei unsrer Liebe! So viele Ritter bleiben ja daheim, sogar meine Brüder Gernot und Giselher bleiben daheim, so bleibe du auch! Ich habe im Traum zwei wilde Eber gesehen, die jagten dich über die Heide, da wurden die Blumen rot! Bleib bei mir, in tiefster Herzensnot fleh ich dich an!“ Traum\Bild

Da lachte Siegfried.

„Ich fürchte Böses“, sagte Kriemhild, „es gibt hier vielleicht jemand, den wir beleidigt haben und der unser Feind ist und seine Ränke spinnt und uns mit seinem Haß verfolgt – bleib daheim, Liebster, höre nur dieses eine Mal auf mich!“

Da lachte Siegfried und sagte: „Was redest du nur! In wenigen Tagen bin ich heil wieder hier! Ich habe keinen Feind! Hier ist mir jedermann wohlgesinnt! Ich habe ja jedem die Treue gehalten, wie sollte man mich da hassen?“

„Ach nein, Siegfried, mein Herr und mein Herz, ich fürchte um dein Leben! Mir hat geträumt, zwei Berge stürzten über dir zusammen und begruben dich – bleib bei mir, Liebster, du tust mir sonst weh!“

Da lachte Siegfried und schloß seine edle Frau in die Arme und tröstete sie mit vielen Küssen und tröstete sie doch nicht. Dann schied er von ihr. Er hat sie nie mehr wiedergesehen.

Vor der Burg sammelte sich die Jagdgesellschaft. Gernot und Giselher waren nicht unter ihnen. Siegfried wurde von allen mit großer Freundlichkeit begrüßt, und König Gunther hieß ihn herzlich willkommen. Die Frauen in den Fenstern winkten. Fröhlich ritten die Helden zum Rhein. Ihnen voraus waren Karren mit Brot und Fleisch und Fisch und Wein gefahren und allem, was zu einer weidgerechten Jagd gehört. Auch die Pirschgewänder waren vorausgefahren worden. Auf einem breiten trockenen Hochland über den Sümpfen sollte Jagdgrund und Lagerplatz sein.

Hagen sagte: „Wenn es euch recht ist, vielliebe Herren, so wollen wir uns trennen, und es soll jeder für sich jagen. Wir wollen doch einmal sehen, wer sich als bester Jäger erweist. Den wollen wir dann gebührend feiern!“

Da begann man Leute und Meute zu teilen. „Ich brauche nur einen guten Bracken“, sagte der Mann Kriemhilds, „der wirklich spurtreu ist und hart am Wild bleibt, dann wird die Jagd schon in Gang kommen!“ Da brachten ihn ein alter Weidmann und ein tüchtiger Spürhund ans Wild. Und nun zeigte Siegfried seine Kunst!

Seinem Auge entging nichts, seinem Renner entrann nichts, seinen Waffen entkam nichts. Bald hatte er einen starken Jungeber erlegt, die erste Beute des Tags überhaupt. Dann streckte er mit einem einzigen Bogenschuß einen greulichen Löwen nieder; dann schoß er einen Elch und einen Wisent, dann vier starke Auerochsen, dann eines der grimmigen Tiere, die man Schelche nannte und die heute keiner mehr kennt, dann fing er den mächtigsten Keiler, den je ein Menschenauge erblickte, mit dem Schwert ab. Das war das Werk von noch nicht einer Stunde, das Kriemhilds Mann da vollbrachte. Da kettete sein Jagdgenosse den Spürhund an und sagte: „Dies ist, damit Ihr auch uns für später noch etwas Beute laßt, Herr

Siegfried! Ihr leeret ja heute Busch und Tal!“ Dieser Scherz gefiel dem Helden sehr, und er mußte darüber von Herzen lachen. Dann hetzte er weiter durch den Tann, und kein Wild entlief ihm. Überall war Lärm und Getöse von Hunden und Treibern; Wald und Fels hallten davon wider, und die Luft dampfte von Blut. Vierundzwanzig Koppeln durchstürmten das Dickicht, und die Kessel platzten und die Spieße brachen fast von der Fülle des edelsten Wildbrets, und auf dem Lagerplatz stapelten sich die blutigen Häute. Es war eine lustvolle Jagd, und jeder der Herren hoffte den Sieg davonzutragen, und doch waren all diese Strecken ein Nichts, als später dann Siegfried erschien. Schließlich befahl König Gunther, zur Mahlzeit zu blasen, und das Signal dafür, ein langer Hornton, durchschallte den Wald, und die Hörner der Jäger antworteten mit kurzen Rufen. Auch Siegfried ritt zum Werder, und seine Jagdgenossen folgten ihm.

Sie waren dem Rastplatz schon so weit genaht, daß sie die Feuer prasseln und die Braten an den Spießen zischen hörten, da sprang, von den Pferden aufgeschreckt, ein mächtiger Bär aus dem Unterholz. Die Treiber wollten ihn speeren, allein Siegfried rief voll Übermut: „Tut die Waffen weg, ich bitt euch, und bindet den Hund los, den fang ich lebendig! Das gibt einen Heidenspaß!“

Der Bär lief in eine Schlucht und kletterte an den Wänden hinunter. Kein Roß konnte ihm dahin folgen, und das kluge Tier glaubte sich schon gerettet. Allein Siegfried sprang ab und stieg dem Bären nach und rang mit ihm. Das Untier biß und hieb mit den Pranken, doch nicht Kralle noch Zahn ritzten Siegfrieds Haut. Lachend überwand der Held seinen Gegner und band ihn gefesselt am Sattel fest. So ritt er zum Lager hinüber.

Wie herrlich war er anzuschauen! Sein Speer war groß, stark und breit, und sein ziervolles Schwert Balmung reichte ihm bis zu den Sporen. Es stak in einer Scheide aus Rubin und trug am Knauf einen grünen Jaspis. Es war so scharf, daß es jeden Helm durchschlug. Sein Jagdhorn war aus rotem Gold, und auch der Schild war aus rotem Gold und mit Edelgestein rings ausgelegt. Und wie prächtig war das Pirschgewand, das Kriemhild ihm gerichtet hatte!

Das Jägerwams war aus schwarzem Samt; der Hut war aus Zobel, und der Mantel war aus Otternhaut und vom Kragen bis zum Saum mit Rauchwerk und Gold durchstreut. Der Köcher war mit den buntesten Borten besetzt und mit Pantherfell überzogen, des süßen Geruchs wegen, der alle Tiere verführt. Die Pfeile hatten goldene Zwingen, und ihr Blatt war handbreit. Ihre Schärfe schnitt Stein. Wen sie trafen, der war dem Tod verfallen.

Der hellste Glanz des Helden jedoch war sein hoher Sinn.

So ritt er denn lustig dahin, und seine Waffen blitzten, und von seinem Sattel fauchte der Bär. Da König Gunthers Mannen ihn erblickten, liefen sie ihm entgegen, sein Roß zu halten; die anderen Herren hatten sich schon im Kreis gelagert. Da ließ Siegfried den Bären los. Der lief zum Wald, und dazu mußte er durch die Küche.

Hei, war das ein Spaß! Das Untier raste durchs Lager; die angeleinten Hunde bellten wie toll und tobten, und die Köche und Küchenjungen hetzten keuchend und schreiend ins bergende Holz. Wie da die Kessel umstürzten und die Brände zerstoben und die Braten sich in der Asche wälzten! König Gunther befahl erschrocken die Meute loszukoppeln, und nun wurde das Getümmel unbeschreiblich: Alles lief und rannte und quirlte durcheinander; die Jäger hatten die Bogen gespannt, doch wagte keiner in das Gedränge und Gemenge zu schießen; die Hunde kläfften; der Bär brüllte; die Jäger schrien; die Treiber kreischten; die Köche quiekten, und die Berge warfen all diesen Lärm vereinigt als Echo zurück. Es war ein herrlicher Spaß, und genau nach des Helden Herz. Schließlich entlief der Bär, und keiner vermochte ihn einzuholen; Siegfried aber lief ihm nach und holte ihn ein und streckte ihn mit dem Schwerte nieder. Da priesen alle seine große Kraft und seine Schnelle und seinen Witz. Dann begab man sich endlich zum Mahl.

Der Platz war vortrefflich gewählt, die Speisen waren köstlich, die Bedienung voll Aufmerksamkeit, allein es wurde weder Wein noch Met noch sonst eine Labe gereicht. Da rief Siegfried ungehalten: „Wo bleiben denn die Schenke! Meine Kehle ist ausgedörrt! Hätte ich gewußt, daß ich so vernachlässigt würde, so wäre ich zu Hause geblieben!“ – „Es ist wirklich ärgerlich“, sagte da auch König Gunther, „daß es derart an Getränken mangelt. Herr Hagen soll uns das erklären, er ist ja unser Jagdmarschall! Ich glaube, er will uns verdursten lassen!“ – „Ich bin untröstlich“, erwiderte Hagen, „die Schuld ist mein, ich kann das nicht leugnen! Ich dachte, die Jagd gehe in den Spessart, und da habe ich den Wein dorthin geschickt! Das soll mir nie mehr unterlaufen, allein für diesmal ist nichts mehr zu ändern!“

„Ich habe Durst für sieben Fuder Wein!“ sagte Siegfried aufgebracht. „Warum habt Ihr die Jagd dann nicht näher zum Rhein gelegt? Dann hätten wir wenigstens genug Wasser!“ – „Mit Wasser kann ich auch hier dienen!“ rief Hagen schnell. „Ich weiß in der Nähe eine eiskalte Quelle. Nehmt vorlieb damit und zürnt mir nicht länger!“ Da murrte Siegfried noch eine Weile, doch schließlich kam er auf Hagens Vorschlag zurück. Der Durst quälte ihn unsagbar. „Wo ist die Quelle?“ fragte er. Da erwiderte Hagen: „Eine Meile von hier diese Lichtung hinauf, bis zu der breitesten Linde am Fuß der Berge! Für einen Schnellfuß wie Euch ein Augenblick!“ Siegfried sprang auf, und da erhob sich auch König Gunther und mit ihm die anderen Herren. „Wirklich, man rühmt Eure Schnelligkeit allerorten“, fuhr Hagen fort, „wollt Ihr uns nicht davon eine Probe geben?“

„Wir können ja um die Wette laufen“, erwiderte Siegfried. Da erklärten sich Hagen und König Gunther zum Wettlauf bereit. All dies lag in Hagens Plan. Er hoffte, daß Siegfried sich seiner Waffen begeben werde. Allein Siegfried sagte: „Damit es ehrlich zugeht, will ich Euch einen Vorteil geben, es macht ja sonst auch keinen Spaß! Ich will mich zu euren Füßen ins Gras legen und erst aufspringen, wenn ihr schon lauft. Und ich will auch in meiner ganzen Jagdrüstung laufen, mit Wams und Mantel und Schild und Speer und Schwert und Köcher!“ Da sah Hagen seinen Plan dahin, allein er konnte nicht widersprechen. König Gunther jedoch war ob dieser Rede froh.

Die Helden machten sich also zum Wettkampf bereit: Siegfried rüstete sich, als ob es wieder gegen Löwen ginge; König Gunther und Hagen hingegen legten alle Kleidung bis auf die Hemden ab. Ein Hornstoß gab das Zeichen. König Gunther und Hagen liefen wie Panther durch den Klee und das Gras. Dennoch stand Siegfried vor ihnen an der Quelle. Der Grund war lehmig, darum legte er den Schild hin, daß sich der König nicht schmutzig mache. Seine Waffen aber hatte er an die Linde gelehnt. So wartete er. Der Durst quälte ihn arg, doch er wartete, wie es die Zucht befahl, bis der König getrunken habe. Die Zeit dahin schien ihm ewiglich.

Das Wasser sprudelte klar und kalt. Endlich erschien König Gunther und hinter ihm Hagen. Der König legte sich über die Quelle und trank. Nach ihm trank Siegfried. Da räumte Hagen des Helden Köcher und Bogen und Schwert in die Büsche, den Speer aber stieß er ihm durch das Zeichen zwischen den Schultern ins Herz. Da spritzte Siegfrieds Blut auf Hagens Gewand.

Siegfried sprang auf. Hagen lief um sein Leben. Siegfried suchte Bogen und Balmung, doch er fand keines von beiden, da packte er den Schild, der ihm vor den Füßen lag. Mit dem Speer im Herz lief er Hagen nach und holte ihn ein und schlug mit dem Schild zu. Da sprangen die Steine aus dem Gold und lagen im Gras und glänzten gleich tausend Regenbogen. Hagen brach ins Knie. Siegfried wollte noch einmal schlagen, doch da war sein Gesicht schon weiß, und er stürzte in die Blumen, und aus seiner Wunde schoß unaufhaltsam das Blut. Da schrie er: „So lohnt Ihr meine Dienste! Ich war Euch treu! Ihr habt mich dafür erschlagen! Ihr habt Euren Namen geschändet für alle Zeiten! Ihr seid mit Schimpf gestoßen aus der Ritterschaft!“

Da liefen die Herren von allen Seiten her zusammen, und wer von ihnen auf Ehre und Treue hielt, der klagte laut und verfluchte diesen Tag. Auch der König von Burgund bejammerte den Tod des Helden. Da schlug Siegfried noch einmal die Augen auf und öffnete die Lippen und sagte: „Beweint doch nicht, was Ihr selbst getan habt!“ Da sagte

Hagen: „Ich weiß auch nicht, ihr Herren, warum ihr da jammert. Ich habe euch von einer Macht befreit, die uns nur Sorge bereitet hat! Ihr solltet aufatmen und mir danken!“ Da sagte Siegfried: „Prahlt nur nicht so! Wäre ich nicht so arglos gewesen, hätte ich mein Leben wohl bewahrt! Nun sorge ich mich um Kriemhild. König Gunther, wenn Ihr noch einen Funken Ehre und Treue im Leib habt, nehmt Euch meiner Liebsten an! Sie ist Eure Schwester! O mein Gott, nie habe ich mehr Leid um Liebe erlitten!“

Da er mit dem Tode rang, wurden alle Blumen vor seinem Blut rot. Dann verstummte er. Da legten ihn die Herren auf seinen goldenen Schild. Dann berieten sie, wie man den Mord verhehlen könne. Da sagte irgend jemand: „Es waren Räuber, die ihn umgebracht haben! Wir haben es nicht gesehen!“

Da sagte Hagen von Tronje: „Ich werde ihn nach Worms schaffen. Ob Kriemhild die Wahrheit erfährt, soll mich nicht kümmern. Sie hat gewagt, meine Herrin zu kränken. Was schert es mich, ob sie sich nun selbst kränkt! Ich habe nur meine Pflicht getan!“

Wie Siegfried beklagt und begraben wurde

Do erbiten si der nahte und fuoren über Rîn
von helden kunde nimmer wirs gejaget sîn.
ein tier daz si sluogen, daz weinten edliu kint.
jâ muosen sîn engelten vil guote wîgande sint.

Die Edlen von Burgund warteten, bis die Nacht gekommen war, dann fuhren sie über den Rhein und trugen Siegfrieds Leichnam vor Kriemhilds Kemenate. Das war Hagens Rat.

Als das Münster zur Frühmette läutete, erwachte Kriemhild. Sie versäumte selten den Gottesdienst, und so weckte sie auch diesmal ihre Mägde und rief nach Kleidung und Kerzen. Ein Kämmerer ging an der Tür vorüber und stieß auf Siegfried, doch er erkannte ihn nicht, denn der Tod hatte ihn entstellt. Da trat er zu Kriemhild ins Gemach und sagte: „Wartet noch mit dem Kirchgang, vieledle Herrin, es muß ein Unfall geschehen sein, denn vor Eurer Tür liegt ein toter Ritter!“ Da brüllte Kriemhild: „Es ist Siegfried! Das hat Brünhild geraten und Hagen getan!“ Dann trat ihr vor Herzeleid Blut auf die Lippen, und sie fiel in Ohnmacht. Als sie erwachte, sagte der Kämmerer: „Herrin, wie käme Siegfried wohl von der Jagd hierher? Es muß ein Fremder sein; es wird sich alles aufklären.“ Aber Kriemhild schüttelte den Kopf und trat vor die Schwelle. Da lag Siegfried. Sein Gesicht war ganz bleich, doch sie erkannte ihn sofort.

„Weh mir“, rief da die freudelose Schöne, „du fielst von Mörderhand! Dein Schild ist unzerhaun von Schwertern! Wüßte ich, wer dir das angetan, er müßte auf der Stelle sterben!“

Kriemhild sandte den Kämmerer aus, dem greisen König Siegmund und Siegfrieds Mannen den furchtbaren Fund zu melden. „Sie sollen kommen und mir klagen helfen“, sagte sie. Da eilte der Kämmerer, doch weder Siegmund noch die Nibelungen konnten glauben, daß der seiner Sinne mächtig sei, der solch wahnwitzige Kunde bringe. Sie mochten aber auch nicht glauben, daß einer derart mit ihnen spotte. Schließlich liefen sie alle zum Frauentrakt hinüber. Sie waren nur notdürftig bekleidet und hielten das blanke Schwert in der Hand, und noch da sie den Gang hinuntereilten und das Jammern von Kriemhilds Frauen hörten, überdeckte hoffender Unglaube das ahnende Weh, und sie zögerten auch, sich den Frauen so unschicklich bekleidet zu nahen. Als sie aber Siegfrieds Leichnam erblickten, trat jeder andre Gedanke hinter Leid und Rachedurst zurück. Sie schrien auf und umringten den teuren Toten, und nun schallten die Mauern der Burg von Jammer, und die Straßen von Worms schallten von Jammer, und die Bürger erschraken. Sie sagten: „Es ist Böses geschehen! Wir haben es kommen sehen! Wehe uns allen!“

Als König Siegmund sich etwas gefaßt hatte, fragte er Kriemhild, ob sie einen Verdacht habe, wer der Mörder sei. „Oh, wenn ich das wüßte“, erwiderte die Schmerzensreiche, „es gäbe keine Gnade für ihn in meinem Herzen! Ich kann nichts anderes denken als Rache! Ich will seine Sippe für immer weinen machen!“ Da sagten die Nibelungen: „Der Mörder muß hier in der Burg sein, Herrin! Wer sonst hätte die Leiche Siegfrieds unbemerkt hierherschaffen können!“ Diese Worte erschreckten Kriemhild.

Nun wurde die Totenfeier bereitet, wie es für Könige Brauch war. Jammernde Mädchen entkleideten Siegfrieds Leichnam und wuschen seine Wunden und säuberten sein Gesicht, und sie hätten dazu kein Wasser gebraucht, ihre Tränen hätten genügt. Dann hüllten sie Siegfrieds Leib in weißesten Saben und betteten ihn aufs Totenlager. Die Nibelungen und die niederländischen Herren aber hatten den Panzer angelegt und Schild und Speer zum Schwert genommen und umgaben den Toten. Sie schworen Rache. Sie sagten: „Der Mörder kann nur unter denen sein, die zur Jagd auszogen, und das waren König Gunther und seine Herren! Die laßt uns angreifen, dann schlagen wir auch den Mörder tot!“

Da ritten die Herren von Burgund heran, an ihrer Spitze Gunther und Hagen. Da befahl Siegmund seinen Streitern, sich zum Kampf zu stellen. Da sagte Kriemhild: „Laßt ab von den Waffen, viellieber Vater! Ihr kennt die Macht meines Bruders nicht! Ihm steht ein gewaltiges Heer zu Gebot, das würde euch alle niedermetzeln!“

Die Nibelungen aber hatten die Helmriemen schon festgebunden und wollten den Kampf.

Da flehte Kriemhild: „Laßt ab, ich beschwöre euch, ihr rüstet zu einem sinnlosen Sterben! Für die Rache kommt eine bessere Stunde! Laßt mich erst den Mörder finden und Beweise gegen ihn haben, dann will ich ihm eine Rache bereiten, die diese Welt noch nicht gesehen hat! Jetzt wäre ein Kampf töricht! Es gibt ja hier am Rhein so viel maßlose Haufen, es kämen ihrer dreißig auf einen, das könnte nie gut ausgehn! Gott möge sie strafen! Bleibt bei mir und helft mir mein Herzeleid tragen! Bei Tagesanbruch muß Siegfried eingesargt werden. Steht mir bei, ich bitte euch!“

Da fügte sich König Siegmund widerwillig. Die Nibelungen murrten, aber Siegmund sagte: „Es ist der Herrin Wille!“ Da steckten sie schließlich doch das Schwert in die Scheide.

Das Jammern der Stadt war unbeschreiblich. Niemand konnte sagen, was Siegfried verschuldet hatte. Das Volk lief zur Burg hinauf, den guten Ritter noch einmal zu sehen. Es weinte um Siegfried, und es weinten alle, die edlen wie die geringen, und die geringen vielleicht noch mehr. So kam der Tag.

In der Nacht noch begannen Schmiede den Sarg zu machen. Er war aus Gold und Silber und ringsum mit Spangen von Stahl beschlagen. Im Frühdunkel trug man Siegfried ins Münster. Die Glocken klagten. Da strömte das Volk im Münster zusammen, und es erschienen alle Ritter und alle Frauen, und auch der Hof von Burgund, und auch König Gunther, und auch Hagen.

König Gunther trat zu Kriemhild und sprach: „Vielliebe Schwester, wie sehr leide ich mit dir! Wer hätte ein solches Unheil ahnen können!" Da sagte die Jammervolle: „Ihr braucht mir nicht Beileid zu wünschen; spart diese Worte. Hättet Ihr es nicht geduldet, wäre es nie geschehen. Ihr habt über Euren Plänen vergessen, daß ich auf der Welt bin!"

Da sagte König Gunther: „Ich begreife nicht, vielliebe Schwester, was du da redest!" Da sagte Kriemhild: „Hättet Ihr mich doch auch umgebracht!" Da sagte König Gunther wieder: „Ich weiß nicht, was du redest, vielliebe Schwester. Wir haben nichts mit diesem Mord zu tun!"

Da sagte Kriemhild: „Wer frei von Schuld ist, der soll an die Bahre treten! Da wird die Wahrheit sich im Wunder zeigen!"

Da zog der Hof zur Bahre. An der Spitze gingen König Gunther und Hagen. Da brach die Wunde auf, und aus dem Leichnam floß Blut. Da verbarg, wer es sah, seine Augen in den Händen. Da rief König Gunther: „Ich will sagen, was wahr ist: Räuber haben Siegfried erschlagen! Hagen hat es nicht getan!" Da floß das Blut stärker. Da sagte Kriemhild: „Die Räuber sind mir bekannt! Gott gebe mir Rache! Die Räuber heißen Gunther und Hagen!"

Da griffen die Nibelungen wieder nach ihren Schwertern. Allein Kriemhild verwehrte es ihnen ein neues Mal. Als dann Gernot und Giselher und die anderen Ritter an

Siegfried vorübergingen, schloß sich die Wunde. Dann begann in den Jammer das Totenamt.

Nach der Messe sprachen Gernot und Giselher zu Kriemhild: „Nun tröste dich, Schwester, und finde dich ab mit einem Geschick, das niemand mehr ändern kann! Solange wir leben, wollen wir dir Freude bereiten!“ Allein es konnte sie keiner trösten.

Zum Mittag wurde Siegfried eingesargt. Sein Leib wurde in Seide gebettet, dann senkte man ihn in das Silber und Gold. Dann sprach Kriemhild zu ihren Kämmerern: „Verteilt alle Schätze Siegfrieds an die Gutgesinnten! Nehmt auch all meine Pachteinkünfte und gebt sie aus! Wer uns zum Begräbnis folgt, der soll reich beschenkt sein!“ Da drängten sich die Freunde Siegfrieds zum Münster, und die Geistlichen lasen mehr als hundert Seelenmessen an diesem Tag. Sie wurden darüber reich, und auch die Klöster erhielten Gaben im Übermaß. Die Kämmerer teilten dreißigtausend Mark aus. Hinter dem Gold aber ging Kriemhild und sprach: „Laßt mich in meinem Schmerz nicht allein, edle Helden! Drei Tage und Nächte lang will ich Totenwacht halten und meinen Liebsten ansehn, daß ich ihn nie mehr vergesse, und ich will auch nicht essen und nicht trinken und nicht schlafen in dieser Zeit! Vielleicht erbarmt sich Gott meiner und nimmt mich zu sich!“

So wachte sie drei Tage und drei Nächte. Am dritten Tag wurde sie ohnmächtig, und man mußte sie mit Wasser übergießen, um sie ins Leben zurückzurufen. Als sie erwacht war, sprach sie: „Brecht noch einmal den Sarg auf, vielliebe Freunde, ich muß meinen Liebsten noch einmal von Angesicht sehen!“ Sie bat so flehentlich, daß man den Sarg aufbrach, sonst wäre ihr Herz gesprungen. Da beugte sich Kriemhild über den Toten, der schneeweiß im schneeweißen Linnen lag. Sie küßte ihm die Augen, die Wangen und den Mund. Dabei weinte sie Tränen aus Blut. Dann brach sie abermals zusammen, und man mußte sie wegtragen. Einen Tag und eine Nacht lag sie vor der Kammer des Todes. In gleicher Not lag auch König Siegmund, und er wurde zeit seines Lebens nimmermehr frohen Sinns. Auch viele der Nibelungen hatten drei Tage und drei Nächte gefastet und waren der Ohnmacht nahe. Es war eine Trauer nach edelstem Brauch. Dann aber forderte das Leben sein Recht, und die Helden begannen wieder zu essen und zu trinken, und die Zeit ging dahin. Das ist wohl heute noch so.

Wie Siegmund wieder nach Hause reiste

Der swéher Kríemhilde   gie dâ er si vant.
er sprach zer küneginne: „wir suln in unser lant.
wir wæn' unmære geste   bî dem Rîne sîn.
Kríemhilt, vil liebiu vrouwe   nu vart ir zuo den landen mîn.

Als König Siegmund genesen war, ließ er sich bei Kriemhild melden und sprach zu ihr: „Wir wollen heimziehen! Hier am Rhein sind wir ungebetene Gäste! Kriemhild, vielliebe Tochter, reist mit mir nach den Niederlanden! Ihr sollt die Untat Eurer Sippe nicht büßen müssen. Es soll mit Euch gelten, wie es war: Ihr werdet Königin bleiben, und Land und Krone und alle Nibelungen seien Euch wie bisher untertan! Ich tue es um Siegfrieds willen!“

Kriemhild neigte zum Einverständnis ihr Haupt.

Da rüsteten Siegmunds Herren mit Macht zur Reise aus dem Land des Todfeinds, und die Kammerfrauen der Schmerzensreichen packten ihre Kisten und ihren Kram. Kriemhilds Brüder aber rieten ihrer Schwester sehr, bei ihrer Mutter Ute am Rhein zu bleiben. Dagegen wehrte sich Kriemhild lange. Sie sagte: „Wie könnte ich den immer vor Augen haben, der mir armem Weibe so schwarzes Leid angetan!“ Da sagte Giselher: „Du hast auch an deine Mutter zu denken! Sie braucht dich. Ich will für dich sorgen; keinem andern als mir sollst du je danken müssen!“ Kriemhild aber sprach: „Ich kann nicht. Ich müßte sterben, wenn ich Hagen sähe.“

Dann sprachen Gernot und Frau Ute mit ihr. Gernot sagte: „Liebste Schwester, was willst du in den Niederlanden unter den Fremden? Du hast dort keinen einzigen Verwandten. Im Elend hält es niemand lang aus! Bleibe bei den Deinen, das wäre das beste für dich!“ Auch ihre Mutter Ute bat sie sehr. Da versprach Kriemhild zu bleiben.

Indes war Siegmund schon reisefertig, und Kriemhilds Zelter wartete schon gesattelt im Hof, und ihre Habe war längst verladen. Da sagte Kriemhild, sie wolle in Burgund bleiben. Da bat Siegmund sie ein zweites Mal: „Zieht mit mir! Ich will es Euch nicht entgelten lassen, daß Eure Sippe meinen einzigen Sohn erschlug. Ihr sollt die Krone tragen über all den Meinen! Ich tue es um Siegfrieds willen!“

Doch Kriemhild erwiderte: „Meine Sippe ist nun einmal in Burgund, und ich gehöre zu ihr. Das Schicksal hat mich mit ihr verbunden. Meine Angehörigen teilen meinen Schmerz und wollen mir wohl!“ Da war König Siegmund von Herzen betrübt, und er schied voll Wehklagen von Kriemhild. „Erst jetzt sehe ich mein Leid bis zum Grund!“ rief er aus. Die Nibelungen weinten. „Weh diesem Fest“, sprach König Siegmund, „nie wurde ein König mit seinen Leuten zu solch einem Unheil geladen! Burgund wird uns nie mehr erblikken!“ Die Nibelungen aber sagten: „Vielleicht kommen wir wieder. Der Mörder unsres Herrn hat auch hier viele Feinde. Wir sind bereit, wenn man uns ruft!“

Dann küßte Siegmund Kriemhild zum Abschied und ritt in sein Land. Mit ihm ritten die Nibelungen. Sie hatten sich von König Gunther weder Geleit noch Schutz erbeten, und sie nahmen auch von niemandem Abschied. Da suchten Gernot und Giselher König Siegmund in seinem Quartier auf und sprachen: „Gott im Himmel weiß, wir sind nicht schuld an Eures Sohnes Tod, und wir wissen auch hierzulande niemand, der ihm feind war. Wir werden immer um Siegfried trauern!“

Der junge Giselher geleitete König Siegmund den Rhein hinunter bis zur Grenze. Dann kehrte er nach Worms zurück. Dort lebte Kriemhild noch immer in finsterer Trauer. Sie wollte von keinem Burgunder Trost. Nur Giselher durfte mit ihr reden. An seinen Worten erfreute sie sich.

Brünhild indes thronte im Übermut. Kriemhilds Trauern drang nicht an ihr Herz. Sie freute sich ihres Sieges, jedoch sie freute sich zu früh.

Wie der Nibelungenhort nach Worms gebracht wurde

Dô diu edel Kriemhilt alsô verwitwet wart,
bî ir ime lande der grâve Eckewart
beleip mit sînen mannen, der diente ir zallen tagen.
der half ouch sîner vrouwen sînen herren dicke klagen.

Da Kriemhild nicht mehr in der Burg leben wollte, erbaute man ihr und ihrem Gefolge, dem nun Markgraf Eckewart vorstand, ein stattliches Haus in der Nähe des Münsters. Freude und Lustbarkeit waren aus seinen Mauern verbannt, und sein Tor öffnete sich nur zum Gang in die Kirche oder an Siegfrieds Grab. Vergeblich versuchte Frau Ute ihre Tochter aufzuheitern. Treuere Trauer hat noch nie eine Frau um ihren Mann gezeigt. So lebte die Jammervolle in Gram und Kummer mehr als vier Jahre, und sie sprach in dieser Zeit weder mit Gunther noch mit Hagen ein einziges Wort.

Da redete Hagen von Tronje zum König: „Es ist hoch an der Zeit, daß der Hort nach Burgund kommt. Das wird aber nie geschehen, solange Kriemhild Euch zürnt. Ich rate Euch sehr, ihr Vertrauen zurückzugewinnen!" Da sagte Gunther: „Vielleicht können meine Brüder sie umstimmen. Giselher und Gernot sind bei ihr gern gesehen." – „Wir können es ja versuchen", erwiderte Hagen, „jedoch ich glaube nicht, daß dies Erfolg haben wird!"

König Gunther sandte die Herren Ortwin und Gero zu seinen Brüdern und bat sie, bei Kriemhild vorzusprechen. „Ach, allzulange, liebe Herrin", sprach Gernot zu Kriemhild, „allzulange beklagt Ihr Eures Liebsten Tod! König Gunther ist darüber bitter betrübt. Er will ein Gericht berufen, um sich von diesem Verdacht zu reinigen. Eure Klagen müssen doch einmal ein Ende haben!"

Da sagte Kriemhild: „Niemand zeiht meinen Bruder des Mords. Hagen hat Siegfried erschlagen. Ich hätte nie denken gekonnt, daß er meinen Siegfried haßte, sonst hätte ich ihm das Geheimnis nie verraten! O hätte ich es nur unterlassen! Nun bleibt mir nur eines: dem Mörder nie zu verzeihen!"

Da bat Giselher seine Schwester, sie möge, wenn sie ihn des Mords nicht verdächtige, König Gunther empfangen und sich mit ihm aussöhnen. Dazu war Kriemhild bereit. Da ließ sich König Gunther eilends bei ihr melden, und unter vielen Tränen sprach Kriemhild, sie verzeihe allen, nur einem nicht, denn niemand außer Hagen hätte gewagt, Hand an Siegfried zu legen, auch wenn man tausendmal seinen Tod beschlossen hätte. So boten denn die Geschwister einander den Versöhnungskuß, und schon nach wenigen Tagen stimmte Kriemhild zu, daß der Nibelungenhort nach Worms gebracht werde, und zwar in ihr Haus und unter ihren Gewahrsam. Er sollte ihre Entschädigung und ihr Witwengeld sein. Mit achttausend Mann zogen Giselher und Gernot nach dem Norden und sprachen, nachdem sie dreißig Länder durchquert hatten, bei Alberich vor.

Der sagte: „Ich kann es Euch nicht wehren, den Schatz zu nehmen! Er gehört Kriemhild, und sie kann ihn fordern!" Und er fügte hinzu: „Hätte ich nur die Tarnhaut, so bekämt ihr ihn nie! So aber seht Ihr mich machtlos, und ich tue nach Eurem Willen!" Alberich befahl seinen Zwergen, den Schatz aus dem Berg zu fahren. Da fuhren zwölf schwere Lastwagen vier Tage und Nächte lang vom Berg zum Schiff, und sie fuhren des Tags und der Nacht je dreimal, und sie fuhren nur Gold und Edelgestein. Wenn man die ganze Welt gekauft hätte, so wäre der Hort noch nicht um ein Pfund gemindert worden. Hagen wußte, wonach er verlangte.

Inmitten des Horts lag auch ein goldenes Zweiglein, das beachtete keiner, denn es schien nur Gold unter Gold. Nicht einmal ein Stein war daran, und so schien es gering. Darum kam auch keiner darauf, es zu erproben. Es hätte aber jeden, der es gebrauchte, zum Herren der Welt machen können, doch es konnte keiner etwas damit anfangen. Siegfried hatte die Kraft des Zweigleins vielleicht gekannt, aber er hatte sie nicht brauchen gewollt.

Da Gernot und Giselher Abschied von Alberich nahmen, zogen viele der Nibelungen mit ihnen. Die anderen gingen mit Alberich in den Berg zurück. Man weiß nicht, wo sie geblieben sind. Die mit Gernot zogen, fielen später im fremden Land.

Als der Hort nach Worms kam, füllte er alle Kästen und Truhen Kriemhilds und darüber hinaus noch alle Türme ihres Palastes und einen Großteil seiner Gemächer, und doch hätte sie tausendmal mehr drangegeben, wäre Siegfried davon wieder heil geworden. So große Treue findet man selten.

Der Hort zog unzählige Recken an den Rhein. Kriemhild empfing sie alle und verschenkte die Schätze mit vollen Händen. Ihr Ruhm war fabelhaft, und man pries sie in allen Landen der Christenheit als edelste Frau. Da sagte Hagen: „Wenn wir noch lange tatenlos zusehen, wird sie mitten in unserem Reich ein gefährliches Heer auf die Beine bringen!" Da sagte König Gunther: „Was könnten wir denn dagegen tun? Es ist doch ihr Eigentum; wer sollte ihr vorschreiben, wie sie es verwendet! Ich bin froh, daß ich mit ihr ausgesöhnt bin; ich denke nicht daran, mich in ihre Geschäfte zu mischen!"

Da sagte Hagen: „Ein redlicher Mann vertraut keinem Weib solch einen Schatz an! Es wird Euch gereuen, wenn Ihr stillehaltet!" Da sagte Gunther: „Sie ist meine Schwester. Ich habe geschworen, ihr nicht weh zu tun. Daran will ich mich halten!" – „So laßt mich wieder der Schuldige sein!" entgegnete Hagen.

Da schwieg König Gunther.

Hagen sagte: „Ihr habt Eurer Schwester versprochen, ihr den Hort nicht zu nehmen. Nun gut, ich will mich daran halten. Der Hort soll ihr bleiben, ich nehme nur die Schlüssel zu ihren Truhen und Schatzkammern an mich!"

So wurden wieder hohe Eide gebrochen, und sie brachen wie ein morscher Speerschaft. Die Witwe verlor die Macht über ihren Besitz. Die Kasten und Truhen blieben in ihrem Haus, allein die Schlüssel gingen an Hagen. Da sprach König Gernot: „Das ist frevelhaft! Nun ist es genug! Der Hort soll niemals in die Burg, das gelobe ich mit heiligem Eide!" Und Giselher sagte: „Liebste Schwester, wenn Hagen nicht zu unserer Sippe gehörte, ich würde ihn umbringen!" Da weinte Kriemhild bittere Tränen ob ihrer neuen Schmach. Mehr konnte sie nicht tun. Gernot aber sprach: „Wir beschwören Furchtbares herauf! Wir sollten den Hort in den Rhein werfen!“

Wenige Tage später erklärten die Könige, sie müßten dringend Worms verlassen, doch es wußte niemand, warum und wohin. Sie sagten, sie müßten ausreiten, und sie müßten auch alle drei aus Worms fort, und sie ließen Hagen als ihren Regenten in der Stadt zurück. Als die Könige fort waren, drang Hagen in Kriemhilds Haus, und niemand wagte, es ihm zu wehren. Was hundert Lasttiere nicht getragen hätten, lud er auf seine Schultern. Er trug den Hort zum Rhein und versenkte ihn dort. Das geschah bei Lochheim. Er dachte ihn unter den Wellen zunächst in Sicherheit und später zu Nutzen Burgunds. Er hatte König Gunther vor dessen Ausritt geschworen, niemandem zu verraten, wo er den Hort versenke, und er hielt diesen Schwur bis in den Tod. Es hatte aber keiner in Burgund mehr einen Nutzen davon.

Als die drei Könige zurückkamen, klagte Kriemhild ihnen ihr neues Leid. Da sprach König Gunther entrüstet: „Davon weiß ich nichts! Ich habe damit nichts zu tun!“ Giselher war empört und wollte Hagen ans Leben. Da verbarg sich Hagen vor der Könige Zorn. Aber nach wenigen Tagen bekam er Gnade und kehrte an den Hof zurück.

Kriemhild aber vergrub sich in ihren Gram. Ihr war alles genommen: der Mann, der Hort, die Macht, die Freunde, und auch ihre Krieger verliefen sich nun. Ihr blieb nur die Erinnerung und die Hoffnung auf Rache, und auch diese welkten und starben ab. So lebte sie volle dreizehn Jahre.

Wie König Etzel nach Burgund um Kriemhild sandte

Daz was in einen zîten dô vrou Helche erstarp,
unt daz der künic Etzel umb ein ánder vrouwen warp.
dô rieten sîne vriunde in der Burgonden lant
zeiner stolzen witewen, diu was vrou Kriemhilt genant.

Nun begab es sich zu dieser Zeit, daß die schöne Helche, das Weib des Hunnenkönigs Etzel, starb und die hunnischen Edlen ihren Herren drängten, ihnen wieder eine Gebieterin zu geben und um die stolze Witwe Kriemhild zu freien. „Sie ist die edelste aller Königinnen", sprachen sie, „der starke Siegfried ist ihr Mann gewesen, und ihre drei Brüder sind Zierden der Ritterschaft. Sie wäre eine Herrin nach unserm Sinn und allein Eurer Erhabenheit würdig!" Da sagte König Etzel bekümmert: „Wie könnte es geschehen, daß sie mich erhörte? Sie ist eine Christin, und ich bin ein Heide, und das Taufwasser wird nie meine Stirn berühren, das habe ich gelobt! Wie sollten wir da zusammenliegen?" Allein die Räte drängten ihn und sprachen: „Wer wird Eurem Namen und Eurer Macht widerstehen? Wagt nur, um sie zu werben. Es wäre gut, wenn sie die Hunnenkrone trüge. Wir fühlen uns einsam ohne Herrin. Bedenkt auch, daß Ihr erbenlos seid!"

Schließlich willigte Etzel ein, den Versuch zu wagen, und fragte nach einem Kenner der Leute Burgunds. Da erbot sich Markgraf Rüdiger von Pöchlarn, einer seiner ersten Vasallen, als Werber zu Kriemhild zu reisen, denn er hatte als Knabe einst mit Hagen am Hunnenhof zu Ungarn gespielt. König Etzel versprach ihm den reichsten Lohn, wenn Kriemhild seine Werbung nicht verschmähte. „Ich will mein Bestes tun, mein gnädiger Herr und Gebieter", erwiderte Rüdiger.

So rüstete Rüdiger zur Reise, und er rüstete sich wohl aus, denn jenseits der Donau führte sein Weg durch Bayern, und das war Europas wildestes und räubrischstes Land. Er bot fünfhundert Mann auf, ihn zu begleiten, und alle reisten in Stahl gekleidet und legten Tag und Nacht den Harnisch nicht ab. Ihre prächtigen Gewänder, mit denen sie Rüdigers

Gemahlin Gotelind im Überfluß ausgestattet hatte, führten sie im Troß mit sich, und auch der ging in Eisen. So kamen sie, wenn auch nicht unangefochten, so doch heil durch Bayern und zogen nach zwölf Tagen klirrenden Rittes in Worms ein.

König Gunther stand in der Halle, als die Fremden in den Burghof sprengten. Sie hatten, ehe sie zu Hofe kamen, Quartier in der Stadt genommen und sich umgezogen, und so leuchteten Seide und Pelz ihrer Gewänder bis hinauf in den Saal. Da fragte König Gunther neugierig, wer diese prächtigen Ritter wohl seien, allein seine Kämmerer kannten sie nicht. Schließlich wurde Hagen gerufen, der musterte die Fremden genau, dann sprach er: „Wenn mich nicht alles täuscht, ist dies Herr Rüdiger von Pöchlarn, der im Dienst König Etzels steht. Als Knaben haben wir zusammen gespielt; wir waren als Geiseln nach Ungarn gekommen, und ich denke manchmal noch der gekrümmten Schwerter über der Zottelmähne der Pferdchen, nicht größer als ein Widder oder ein Reh!“ Seine Augen glänzten im Glück der Erinnerung, da er dies sagte. „Ihr müßt Euch irren, Herr Hagen“, sprach König Gunther, „wie käme wohl ein Fürst der Hunnen an unseren Hof?“ Hagen hob unentschieden die Schultern, dann aber rief er: „Er ist es, es ist Rüdiger, ich erkenne ihn daran, wie er aus dem Sattel springt!“ Er lief aus dem Saal seinem Jugendgefährten entgegen und umarmte ihn und zeigte ein helles Gesicht. „Willkommen in Worms, Freund Rüdiger“, rief er, „was führt Euch zu uns? Sagt mir, was ich für Euch tun kann!“ – „Ich bitte Euch, meldet mich bei König Gunther“, bat Rüdiger, „ich habe eine dringende Botschaft meines Königs an ihn.“ Da führte Hagen den Freund ohne Umschweife in die Halle.

König Gunther empfing seine Gäste mit allen Ehren; er erhob sich und ging ihnen entgegen und faßte den Markgrafen bei der Hand, und König Gernot schenkte den besten Wein und Met aus, den man am Rhein nur haben kann. Auch Giselher war herbeigeeilt und auch die Herren Gero, Dankwart und Ortwin von Metz fanden sich ein, und auch Herr Volker von Alzay. Sie tranken und plauderten und verstanden einander prächtig, denn sie waren alle mit den Sitten und Züchten der Ritterschaft wohlvertraut. Schließlich sagte König Gunther: „Nun kann ich, vieledler Herr Rüdiger, die Frage nicht länger unterdrücken: Was führt Euch an den Hof von Burgund? Habt Ihr eine Botschaft Eures Königs zu überbringen? Wir wollen sie mit der Aufmerksamkeit anhören, die dem Wort solch eines mächtigen Herrschers gebührt; doch zuvor und vor allem anderen sagt uns, wie es Herrn Etzel und seiner schönen Frau Helche geht!" Da meldete ihnen der Markgraf den Tod seiner Herrin, und da verstummte die Freude, und Gunther sprach: „So möge Gott den König trösten, denn Helche war eine höchst tugendhafte und ruhmvolle Frau. Was in unserer Macht steht, Euren Herrn zu erfreuen, das wollen wir von Herzen gern tun!" Diesen Worten stimmten Gernot und Hagen wie die anderen Ritter zu, und Herr Rüdiger sprach: „Die Trauer um Helche droht meinen Herrn zu Boden zu drücken, und nur eine treue Gemahlin kann ihm noch Stütze sein. Es ist sein Wunsch, sich erneut zu vermählen; die Kunde von Frau Kriemhilds Schönheit und Edelmut hat ihn überwältigt, und er bietet ihr die Herrschaft über sein Herz. Dies ist meine Botschaft an euch, vieledle Könige, und ich bitte, daß ihr sie günstig bedenkt!" Da antwortete König Gunther: „Ich will Eure Rede meiner Schwester getreulich übermitteln, Markgraf; ich möchte nicht absagen ohne ihren Entscheid. Geduldet Euch noch drei Tage, ich bitte Euch sehr!" Zu dieser Rede des Königs nickte Hagen. Markgraf Rüdiger zog mit seinen fünfhundert als Gast in die Burg, und König Gunther beriet sich mit seinem Hofe.

Die Herren hielten sämtlich dafür, die überaus hohe Ehre der Werbung anzunehmen; einzig Hagen widersetzte sich diesem Rat. „Das darf nimmer geschehen, selbst wenn Kriemhild es wollte!" so sprach er, „sie gewinnt als Etzels Gemahlin eine furchtbare Macht, und das sollten wir ihr niemals gestatten!" – „Sie ist meine Schwester", erwiderte König Gunther, „und es geht um ihr Glück! Ich bin es leid, sie täglich in Trauer zu sehen und von der Früh bis zur Nacht ihre Klagen zu hören! Wir sollten sie bewegen, zu Etzel zu ziehn!“ Auch Gernot und Giselher sprachen so und auch alle die anderen Herren, allein Hagen blieb hart. „Es ist unerhört“, sprach da der junge Giselher, „wie grausam Ihr meiner Schwester im Weg steht! Kein Wunder, daß sie nur Haß gegen Euch empfindet! Ich mag's nicht mehr ansehn, wie der Gram sie auszehrt!“ – „Ich sage nur, was ich sehe“, erwiderte Hagen, „und ich sehe das Unheil Burgunds. Bedenkt doch, daß sie zur mächtigsten Königin der Welt wird, und bedenkt, daß wir ihre Todfeinde sind!“ – „Wir können ja zu ihrer Lebzeit den Hunnenhof meiden“, erwiderte Gernot, „unsere Lande sind durch breite Wälder und Flüsse voneinander geschieden, und zudem ist Herrn Etzels Friedfertigkeit wohlbekannt!“ – „Als ob es darauf ankäme“, entgegnete Hagen, „es gibt nichts, was der Haß nicht überwindet! Es ist eine Frage der Macht, da sollten wir uns nicht wie Tölpel benehmen!“ Da sprang Giselher von seinem Sitz: „Wir sollten uns nicht als Schufte benehmen“, so schrie er, „Ihr, Tronje, mögt tun, was Ihr wollt, ich will mich endlich zum Anstand und zu meiner Schwester bekennen!“ Dieser Spruch kränkte Hagen wie keiner zuvor, doch der Rat wurde geschlossen, und er mußte es dulden; er hatte alle drei Könige wider sich. „So soll denn geschehen, was geschehen muß“, sprach er; dann lachte er, und dann ging er hinaus, und er sagte in dieser Sache fortan kein Wort mehr.

Nun erbot sich Herr Gero, Kriemhild die Werbung zu überbringen. Die Leidgeprüfte hörte ihn ohne Bewegung an und schüttelte schließlich stumm den Kopf. „Treibt nicht Euren Spott mit mir, ich bitte Euch“, sprach sie, „was sollte ich einem Mann noch bedeuten, der jemals mit einer Frau glücklich war?“ Da redeten Gernot und Giselher mit ihr, daß sie sich wieder zu leben entschließe und Etzel erhöre, allein sie wollte es nicht tun. Schließlich sagte Gernot: „Ihr könnt den Markgrafen nicht ziehen lassen, ohne ihn empfangen zu haben, Schwester; miedet Ihr ihn, wäre es eine grobe Unbill, und ganz Burgund käme in Verruf!“ Da gestattete Kriemhild, daß Rüdiger ihr die Botschaft seines Herrn überbringe. „Herr Rüdiger ist mir ob seines edlen Wesens lieb“, so sprach sie, „darum soll er mir willkommen sein! Einen anderen hätte ich nicht empfangen, aber Rüdiger möchte ich nicht kränken!“ So ging der Markgraf mit elf Herren zu ihr.

Kriemhild empfing den Gesandten Etzels in Witwenkleidung; ihre Damen hatten den prächtigsten Staat angelegt, doch die Hoheit der Vielbetrübten überstrahlte noch im schwarzen Gewand das Gepränge des Hofes. An ihrer Seite standen die Herren Eckewart und Gero mit ihren Vasallen, und der Hochsitz der Königin war von zweihundert Edelfrauen umkränzt. Dies war ein Empfang nach der nobelsten Sitte, allein Kriemhilds Brust war von Tränen naß.

„Meine hohe Herrin, der mächtige König Etzel sendet Euch in tiefster Ehrfurcht seinen Gruß und sein Herz“, redete Rüdiger; „er bietet Euch Liebe ohne Leid und treue Gemeinschaft fürs Leben, wie sie einst Helche genoß. Seit er Helche verlor, sind seine Tage freudlos und finster, und er fürchtet, daß sie es bleiben, höbe Eure Gunst seinen Gram nicht auf!“ – „Herr Markgraf“, erwiderte Kriemhild, „wer meinen Schmerz kennt, sollte nicht wagen, um meine Liebe zu bitten! Ich habe den Besten verloren, den eine Frau verlieren kann!“ – „Wer könnte das Leid bannen, wenn nicht die Liebe?“ erwiderte Rüdiger, „und zweifaches Leid wird von zweifacher Liebe gebannt! Und seht“, so fuhr er fort, „die Liebe meines Herrn wird überaus prächtig geleitet: Zwölf Kronen bietet der Freier Euch an und die Lande von dreißig Fürsten und die Hälfte der Welt; ihr sollt Herrscherin sein, wie einst Helche es war, und keine Frau dieser Erde soll Euch je an Macht übertreffen!“ Da fielen ihr auch die hunnischen Edlen zu Füßen und baten sie, ihre Herrin zu sein und ihnen täglich den Glanz ihrer Schönheit zu schenken, und da tupfte sich Kriemhild die Tränen von ihren Wangen und sprach: „O Ihr guten Herren“, so redete sie, „wie könnte ich denn begehren, solch eines Helden Weib zu sein; ich habe am Tode des einen ja Herzeleid genug! Doch will ich mich bis zum Morgen bedenken, dann gebe ich Euch endgültig Bescheid!“ Da verneigten sich Rüdiger und die hunnischen Ritter und verließen, rückwärts schreitend, Kriemhilds Gemach. Die Schmerzensreiche aber bat ihre Mutter Ute und ihren Lieblingsbruder Giselher zu sich.

„Ich habe Rüdiger angehört“, sprach Kriemhild, „und ich werde weinen wie bisher!“

„Es ist der mächtigste König, der um dich wirbt, liebe Schwester“, sagte Giselher, „zwischen Rhone und Elbe und Donau und Eismeer ist kein Reich größer als das seine. Sein Arm reicht noch in die Wüste Turkistans, und der König von Italien, Herr Dietrich, geht als Vasall zu seiner Linken! Du solltest dich glücklich preisen, daß er dich begehrt!“

„Mein Reich ist das der Tränen und Klagen“, erwiderte Kriemhild, „es hat seine Grenzen um Siegfrieds Grab, und seine Fürsten heißen Gram und Trauer!“

„Dann wird es Zeit, daß du es verlässest, mein Kind“, sprach Frau Ute.

„So sollte ich denn Hof halten vor fremden Rittern?“ sprach Kriemhild, „und mich ihnen zeigen und ihnen huldvoll sein mit meiner verblichenen Schönheit und meinen rotgeweinten Augen und meiner kummergekrümmten Gestalt? Das kann nimmer sein!“ Und sie dachte: Ich sollte wahrhaftig gebieten wie in Siegfrieds Tagen und Silber verteilen und Gold und Edelgestein und Heere um mich sammeln und eine Krone tragen über Fürsten und Könige? O du mein Gott, kann das je noch geschehen? O Gott, erhöre mein Flehen: Wie lange nur war ich nicht mehr froh! Doch da müßte ich ja bei Etzel liegen, und der ist ein Heide; wie dürfte ich mich, eine Christin, ihm hingeben? Würde nicht alle Welt mich verachten, wenn ich ihn erhörte? O nein, nicht um alle Reiche der Welt könnte ich dies tun!

Sie sagte: „Ich kann es nicht tun, liebste Mutter, ich bin nur ein Schatten auf Siegfrieds Grab!“

Da verließen sie Ute und Giselher, und Kriemhild blieb allein. Sie schlief aber nicht diese Nacht und lag in Gedanken, und ihre Augen waren oft naß. Am Morgen, als die Glocken ins Münster riefen, geleiteten sie ihre Brüder zum Hochamt, und wieder rieten sie ihr, König Etzels Werbung anzunehmen, und diesmal sagte Kriemhild kein Wort. „Du mußt dich entscheiden, vielliebe Schwester“, forderte Gunther, „Herr Rüdiger drängt zum Aufbruch, und wir können ihn unmöglich noch hinhalten! Ob ja oder nein – er darf seinen König nicht länger ohne Antwort lassen!“ Da entbot Kriemhild Herrn Rüdiger noch einmal zu sich.

Nach dem Hochamt ließ sich der Markgraf bei Kriemhild melden, und sie empfing ihn mit allen Ehren und sagte, sie bleibe bei ihrem Entschluß. „O welches Unrecht, vieledle Frau, tut Ihr damit der Welt an“, sprach Rüdiger, „daß Ihr Eure Schönheit so gänzlich verloren gebt! Wieviel Glück vermöchtet Ihr noch zu schenken, und wieviel Leid bringt Ihr über uns!“ Schließlich bat der Markgraf sie um eine letzte Unterredung unter vier Augen. „Herrin“, so sprach er, „Herrin, ich glaube den Grund Eurer Weigerung zu erraten. Gewiß fürchtet Ihr, am Hunnenhof allein unter Fremden zu sein. So sage ich Euch denn und gelobe: Ich und meine Mannen und meine Freunde stehen Euch immer zu Diensten; wir wollen für Euch dasein das Leben lang und werden es jeden, der Euch zu kränken wagt, bitter entgelten lassen! Ihr sollt Genugtuung haben für jedes Weh!“ Da kam Glanz in Kriemhilds Augen, und sie faßte Rüdigers Arm. „So wollt Ihr mir schwören“, sprach sie, „mich an jedem zu rächen, der mir Böses getan?“ Das schwor Rüdiger, und er schwor es ganz ohne Arg und besiegelte seinen Schwur mit Handschlag. Da dachte die Getreue: So könnte ich dich doch noch rächen, liebster Gemahl? So könnte ich arme Freudenlose noch einmal mächtig sein und über Ritter gebieten und Schwerter und Mut und könnte den strafen, der mein Feind ist? Wohlan, dann mögen die Leute mich ruhig verlästern! Allein sie sprach: „Ich bin eine Christin, und Euer Herr ist ein Heide! Wie könnte es da geschehen, daß wir uns vereinen?“ Da sagte Rüdiger: „Bedenket, Königin, wieviel treue Christen ihm dienen! Ihr würdet an seinem Hof keines geistlichen Zuspruchs entbehren und könntet die heilige Messe hören, sooft Ihr es wünscht. Und wenn Gott es gar fügte, daß Ihr den mächtigsten König der Welt bewegtet, sich taufen zu lassen? Welch ein Gewinn für die Christenheit! Es gibt außer Euch niemanden, der solches vermöchte!“ Da sagte Kriemhild: „Bei Gott, das habe ich nicht bedacht!“ Dann weinte sie, und dann sprach sie: „So mag es also geschehn, daß ich arme Witwe ins fremde Heidenland ziehe; weiß ich doch einen dort, der mich beschützt!“ – „Fünfhundert Ritter gehören Euch, Herrin!“ rief Rüdiger aus, „und ich bin Euer Knecht! Nie sollt Ihr Rüdigers Rat zu bereuen haben!“ – „So laßt uns eilen, mein Freund!“ sprach die Königin.

Sie befahl, alle Schätze, die ihr vom Hort noch geblieben waren, einzupacken und zu verladen. Hagen wollte es verhindern und Gunther es ihm untersagen, allein Rüdiger sprach: „Laßt doch das Gold im Lande, Herrin; der Reichtum meines Königs ist unermeßlich; er wiegt mit der linken Hand Siegfrieds Hort auf!“ Kriemhild aber wählte zwölf Kisten erlesensten Schmucks und lautersten Goldes für Reisegeschenke, dann stiftete sie tausend Mark Meßgelder für das Seelenheil ihres geliebten Gemahls, und schließlich versprach sie den Rest ihrer Schätze all denen, die mit ihr ins ferne Hunnenland ziehen wollten, und das waren Markgraf Eckewart und fünfhundert Mann. Sie schworen ihr Treue für immer, und Kriemhild verneigt sich vor ihnen. Dann nahm sie Abschied von der Burg.

Gernot und Giselher und mit ihnen die Herren Ortwin und Gero und Rumold und tausend Ritter geleiteten sie bis an die Donau, und ihnen voran sprengten Rüdigers Eilboten, König Etzel die frohe Botschaft zu überbringen. Frau Ute weinte. König Gunther begleitete Kriemhild bis zur Mauer der Stadt. Dort sprach er: „So lebe fortan in Glück und Frieden, liebste Schwester! Möge Gott dich segnen und behüten!“ Er dachte, sie nicht mehr wiederzusehen.

Wie Kriemhild zu den Hunnen reiste

Die boten lâzen rîten: wir suln iu tuon bekant
wie diu küneginne füere durch diu lant,
oder wâ vón ir schieden Gíselher und Gêrnôt.
si heten ir gedienet als in ir triuwe daz gebôt.

Bei Pföring an der Donau verabschiedeten sich Gernot und Giselher von Kriemhild. Giselher sprach: „Wenn du je Hilfe brauchst im wilden Hunnenland, liebe Schwester, so laß es mich wissen, und ich reite zu dir und stehe dir bei!" Da küßte ihn Kriemhild, und dann küßte sie auch Gernot. Dann winkte sie den burgundischen Rittern zum Abschied zu.

Durch Bayern reisten sie rasch, und als sie den Inn erblickten, atmeten sie auf, daß der gefährlichste Weg überstanden war. In Passau erwartete sie ihr Onkel, der hochberühmte Fürstbischof Pilgrim, der die Bücher und Bilder liebte und alles auf Pergament schreiben ließ, was in der Welt geschah. Er bewirtete seine Nichte aufs freundlichste und bat sie zu bleiben, und auch die Passauer Kaufleute hätten die reichen Gäste gern länger beherbergt, und die Passauer Ritterschaft begann schon mit Kriemhilds Mädchen zu schäkern, allein Rüdiger drängte zum Aufbruch, denn jenseits des Inns begann seine Mark, und dort, an der Enns, wohin sie ihren Gästen zur Begrüßung entgegengeritten war, wartete schon Frau Gotelind. Da ließ es sich der Fürstbischof Pilgrim nicht nehmen, seine Nichte bis dorthin zu begleiten.

Am Morgen hatten sie die Traun überschritten, und am Abend kamen sie ans zelteübersäte Ufer der Ems. Hier erwartete sie Frau Gotelind und mit ihr alle Ritter des Pöchlarner Landes, die schon höchst ungeduldig drängten, Siegfrieds Witwe ihre Turnierkunst zu zeigen und die, obwohl es schon dunkelte, beim Nahen des Zugs ihre Spiele begannen. Als Kriemhild vom Pferd stieg, schwirrten ihr Lanzensplitter ums Gesicht. „Wie glücklich preise ich mich", sprach Frau Gotelind, „meine schöne Herrin willkommen zu heißen! Gesegnet der Tag, der mir dies vergönnt!“ Die Kämpfenden jauchzten und schrien bei jedem gelungenen Stoß oder Schlag. „Gott lohne Euch Euren Gruß“, erwiderte Kriemhild, „und er beschere uns beiden nur Freude und Glück!“

Dann trank man und schmauste und saß plaudernd im Gras und begab sich schließlich in den Zelten zur Ruhe, und am nächsten Tag empfing die Burg von Pöchlarn die hohen Gäste. Rüdigers Tochter Dietlind entbot ihnen den Willkommensgruß und führte sie in die Halle. Dort konnte man die Donau strömen sehen; sie war viel breiter als der Rhein, und man sah steilsteigende Wiesen, die führten über noch steilere Hänge zu Bergen, die sich wieder an höhere Berge lehnten, und dahinter erhoben sich Berge mit weißen Gipfeln, und die stießen in die Wolken hinein. Es war, als ob sich das Land in den Himmel schiebe. Kriemhild hatte dergleichen noch nie erblickt und saß ganze Tage voll seligen Staunens. Schließlich wurde Herr Eckewart ungeduldig. „König Etzel wird uns schelten, wenn wir uns noch länger versitzen und gaffen!“ mahnte er.

So wurde denn Abschied genommen, und Erinnerungsgaben gingen von Hand zu Hand. Kriemhild schenkte Dietlind zwölf Ringe aus rotestem Gold und ein Prachtgewand, und da es ihr weh tat, daß sie nur solche Geringfügigkeiten austeilen konnte, anstatt zu belohnen, wie ihr Herz es gebot, schloß sie das Mädchen in die Arme und küßte es. Dietlind aber sprach: „Vieledle Herrin, wenn es Euer Wunsch ist, will ich Euch gern begleiten und immer bei Euch sein und Euch erfreuen! Ich weiß mich darin mit meinem Vater einig!“ Da erkannte Kriemhild Rüdigers Treue, und zum erstenmal nach so viel Jahren lächelte sie.

Die Reise ging weiter an Melk vorbei, dort nahm Bischof Pilgrim von Kriemhild Abschied, und dann fort über Mautern nach Traismauer, der ersten Festung König Etzels, einem Lieblingssitz der verstorbenen Helche. Hier wurde die Reisegesellschaft von Rittern hunnischen Stammes empfangen; es waren die ersten Heiden, die Kriemhild erblickte, und hatte sie bis dahin vor dieser Begegnung gebangt, so vertrieb ihr die herzliche Aufnahme schnell alle Scheu. Sie gewahrte erstaunt, daß die so fremdartig aussehenden Herren und Damen mit ihrem tiefschwarzen glatten Haar und den schrägstehenden Augen über den gemuldeten Wangen an Takt und Zucht dem Hof vom Rhein in nichts nachstanden, ja ihn an Zuvorkommenheit und liebenswürdig aufmerksamem Wesen in den Schatten stellten; sie war entzückt, daß viele der sie Umringenden der deutschen oder französischen Zunge mächtig waren, auch wenn sie die schwierigen Wörter mit lustigen Kehltönen über die Lippen brachten, und so fand sie es bald lobenswert, daß ihr künftiger Gemahl nicht darauf achtete, zu welchem Glauben sich einer bekannte, wenn der nur ein rechtschaffener Ritter war.

Wie Kriemhild von Etzel empfangen wurde

Si was ze Zeizenmûre unz an den vierden tac.
diu molte ûf der strâze die wîle nie gelac,
sine stübe alsam er brünne allenthalben dan
dâ rîten durch Ôsterrîche des künic Etzelen man.

In Traismauer blieben sie vier Tage, dann ritten sie weiter nach Wien, und es geleiteten sie mittlerweile schon so viele Herren, daß der Staub über Österreich schwebte, als brenne es in Feuern der Huldigung. Unter den Herren waren Christen wie Heiden, das sagte ich schon, und sie stritten nicht untereinander ob ihres Glaubens und ließen alle Gebete gelten. Wie staunte Kriemhild, wie groß die Welt jenseits des Rheins war: Da stürmten Helden aus Griechenland und aus Rußland über das Feld, und kühne Walachen und Polen ritten miteinander um die Wette; man sah Gesandte aus Kiew in blauen Pelzen, die trugen ein Kreuz mit zwei Balken aus Heliotrop auf den Marderfellhüten, und ihnen zur Seite sprengten Petschenegen, die spannten den Bogen bis zur äußersten Krümmung und beteten einen Vogel an und galten um nichts minder als ihre Brüder, die vor einem Gekreuzigten auf den Knien lagen. Das gefiel Kriemhild wohl, und ihr Herz war fröhlich. Im Strom Tausender Spiele verrann die Zeit der Reise im Nu, und in Tulln empfing sie schon ihr Bräutigam.

Vor ihm her ritt sein nächstes Gefolge, das waren vierundzwanzig Fürsten, und jeder war ein hochberühmter Held und von hochberühmten Helden umringt wie der Mond von Sternen, und sie alle strahlten vor Glück, wieder eine Herrin zu haben. Da war Herr Ramung, der Herzog der kühnen Walachen, die stoben über die Brache, wie Schwalben schwirren; da war Herr Gibich, dessen Schloß wie ein Adlerhorst zwischen Schneegipfeln hing; da waren Herr Hawart aus Dänemark, der Landgraf Irmfried aus Thüringen, Herr Harborg der Harte aus Polen und Pruzzen und Herr Iring aus Lothringen, der war vom Kaiser geächtet und hatte in Ungarn Hilfe gefunden, und ihnen folgte mit dreitausend langbärtigen Hunnen in weißester Seide auf milchweißen Tieren Herr Bloedel, König Etzels Bruder, und hinter Herrn Bloedels Ritter folgte der Herrscher, und an seiner Seite ritt der gewaltigste Held der Christenheit, Herr Dietrich von Bern. Kriemhild stand überwältigt gleich einer Insel im Rollen des Meeres. „Ihr müßt Euch bereit halten, Herrin“, sprach ihr Rüdiger ins Ohr, „ich will Euch die Ritter nennen, die Ihr mit einem Kuß auszeichnen müßt, die anderen mögt Ihr dann mit einer Verneigung ehren!“ Da wurde Kriemhild auch schon von hundert Händen aus dem Sattel gehoben, und König Etzel war vom Pferd gesprungen und eilte ihr entgegen, und Freude durchzuckte sein zerfurchtes Gesicht wie Sonne einen Wolkenhimmel.

„Willkommen, Herrin!“ sprach Etzel, und Kriemhild küßte ihn, und seine Krone rührte an ihre Krone, und das Gold leuchtete über der beiden Gesichter gleich dem Morgenrot über zwei Alpengipfeln. Da sprachen die hunnischen Herren: „Sie ist schön wie Helche!“ Dann küßte Kriemhild Herrn Bloedel und Herrn Dietrich von Bern und Herrn Gibich und noch neun andere Könige, die Rüdiger ihr heimlich zeigte und nannte; vor den anderen verneigte sie sich, und dann erdröhnten Himmel und Erde, als die tausendmal tausend Panzer im Kampfspiel zusammenkrachten, und Christen wie Heiden zeigten im Turnier ihre Künste, und jede war lauten Bewunderns wert. So zog man von Tulln bis Wien, und Kriemhild wurde nicht müde zu schauen, doch was man in Wien sah, wo das Beilager gefeiert wurde, konnten ihre Augen nicht mehr fassen: Das Fest begann zu Pfingsten und währte achtzehn Tage, und es war in Gold und Lust gebettet wie ein Himmel in das Ziehn eines Stromes, der nie versiegt. Der Glanz und das Glück berauschten Kriemhild; sie versuchte die Ritter zu zählen, die ihr nun untertan waren, doch hätte sie jedem ein einziges Goldstück des Hortes gespendet, sie hätte das Gold schon am Abend erschöpft. Da sie solcherart Siegfrieds gedachte, kamen ihr nochmals die Tränen, doch sie verbarg sie vor ihrem Gemahl. Sie fürchtete, daß er sie undankbar schelte, und dabei hätte doch kein Fürst der Erde sie großartiger zu ehren vermocht.

Was sie noch besaß, das verschenkte sie, und alle verschenkten, was sie besaßen, und das Gold glitt durch die Stadt wie durch die Adern das rote Blut. Allein die beiden Hofmusikanten Etzels, die Herren Wärbel und Schwämmel, erwarben jeder wohl tausend Mark oder mehr bei diesem Fest. Ach, solche Zeiten kommen nicht wieder, und freilich auch nicht solche Könige! Es war ein Schall von Lust in der Luft, daß die Sonne erbebte.

Am achtzehnten Tag fuhren Etzel und Kriemhild von Wieselburg aus zu Schiff die Donau hinunter, und das Wasser war so bedeckt mit Menschen und Tieren, daß es schien, als sei es festes Land. Die Schiffe waren aneinandergepflockt, so daß keine Welle sie erschüttern konnte, und über den Planken hoben sich Zelte aus Seide, als schwimme im Sommer Schnee dahin. Die Ufer bogen sich unter der Last der jubelnden Menschen, und die Küsse, die zur Königin flogen, flossen wie silberne Wolken über ihrem Scheitel zusammen. So reiste das Paar bis zur Etzelsburg.

„Sieh, all dies ist dein!“ sprach der König zu Kriemhild. „Begehre, was immer du willst, und es wird geschehen!“ Da dachte sie, daß sie wohl glücklich sei.

Wie Kriemhild erreichte, daß ihre Brüder zum Sonnwendfest geladen wurden

Mit vil grôzen êren, dáz ist álwâr,
wónten si mít ein ander unz an daz sibende jâr.
die zît diu küneginne eines súns wás genesen.
des kund' der künic Etzel nimmer vrœlîcher wesen.

So lebten denn Kriemhild und Etzel zusammen, und im siebenten Jahr ihrer Ehe gebar Kriemhild dem König einen Sohn. Darüber war Etzel ohne Maßen beglückt, und er erlaubte seiner geliebten Frau, den Thronfolger zu taufen und nach christlichem Brauch zu erziehen. Die Königin nannte ihr Söhnchen Ortlieb und unterwies es von früh auf in allen Rittertugenden und in den Sitten des Hunnenhofes. Sie war bestrebt, der Königin Helche nachzueifern, die alles Volk im Herzen trug, und sie übertraf die Verblichene noch an Großzügigkeit und Milde ihrer freigebigen Hand. Dennoch hieß sie bei jedermann nur die Fremde. Das schmerzte sie.

Ihre Macht war unermeßlich. Allein zwölf Fürsten und sieben Königstöchter standen ihr zu Diensten, und die erste Dame ihres Hofstaates war die Braut Dietrichs von Bern, dem ganz Italien untertan war. Das Gold, das durch ihre Hand ging, war nicht zu zählen. Was sie befahl, war Gebot; was sie sagte, das war getan und was sie wünschte, das wurde erfüllt, ehe sie es noch aussprach. So lebte sie dreizehn Jahre.

Im Traum sah sie manchmal Giselher, mit dem ging sie Hand in Hand, und sie herzte und küßte ihn. Manchmal sah sie auch Siegfried und sah sich in Xanten mit ihm im Thronsaal oder in der Nibelungenburg vor den Fjorden und Felsen und dachte, daß sie dort Macht besessen und reich gewesen war. Manchmal sah sie den Hort, und manchmal sah sie auch Hagen und Gunther. Da dachte sie: Die beiden sind schuld, daß ich einen Heiden zum Mann habe. Keine Frau am Rhein lebt in solcher Ehe! Siegfrieds Weib verdient wahrhaftig ein anderes Los! Es waren Hagen und Gunther, die mir dies angetan!

Sie dachte: Man nennt mich mächtig und reich, doch in Wahrheit bin ich arm und elend; nicht einmal meinen Todfeinden kann ich ein Leid antun! Was nutzen mir da meine zehntausend Krieger? Wenn sie Hagen töteten, würde mich das erfreuen, so aber sind sie nur gut, die Krähen aus der Luft zu schießen. Wahrhaftig, das ärmste Weib am Rhein lebt besser als ich!

Sie dachte: Ich vergehe vor Sehnsucht nach meinen Brüdern! Ich will Etzel bitten, daß er sie einlädt! Mir zuliebe wird er es sicher tun. Giselher sähe ich gar zu gern noch einmal, und Gernot auch. Sie werden mit Gefolge reisen. Ich will endlich wieder einmal unter Landsleuten sein!

Eines Nachts, als der König bei ihr lag und sie umarmt hielt, sprach sie: „Mein liebster Herr und Gemahl, wenn Ihr mich wirklich schätzt, so bittet doch meine Brüder zu mir! Wir empfangen so viele Gäste, doch niemals Ritter vom Rhein, und mich drückt die Sehnsucht, sie wiederzusehen. Eure Leute nennen mich heimlich die Fremde, weil sie die Meinen nicht kennen. Darüber muß ich traurig sein!“

Da küßte der König ihre Augen und sprach: „Ich hätte deine Brüder ja längst geladen, wäre der Weg nur nicht so weit! Ich wollte sie nicht in Verlegenheit bringen. Da du es aber wünschst, will ich sofort zu ihnen senden, denn auch ich sehne mich sehr nach Frau Utes Söhnen!“

Da jauchzte Kriemhild, solche Worte zu hören, und sie sprach: „Noch nie sind hunnische Spielleute in Worms gewesen! Sendet doch die Herren Wärbel und Schwämmel als Werber, das wird meine Brüder beglücken! Und heißt sie eilen, ich bitte Euch sehr. Zu unserem Sonnwendfest sollten sie hier sein!“ Auch das versprach ihr der König. Dann lag er selig bei ihr bis zum Morgendämmern.

Sofort in der Frühe wurde zur Heroldsfahrt gerüstet, und die Königin bat Wärbel und Schwämmel zu einem Geheimgespräch zu sich. Sie sagte: „Ihr könnt Euch Botenbrot verdienen, wie es noch kein Spielmann empfangen hat!“

Da sprachen die beiden: „Herrin, was ist Euer Begehr?“ Da sagte Kriemhild: „Richtet euch in Worms genau nach meinen Worten, und ihr zählt zu den Reichsten im Hunnenland! Sagt nie, daß ihr mich je traurig sahet, das ist das wichtigste, das behaltet wohl! Sprecht nur: Die Königin ist glücklich, ihr Leid ist zertaut wie der Schnee im Mai, und ihr Frohsinn erwärmt noch im Winter das Hunnenland! Und dann sagt: Die Königin ist sehr traurig, denn es schmerzt sie, daß man sie nur die Fremde nennt. Man glaubt, so sprechet, daß sie keine Verwandten besitze und ganz schutzlos bliebe nach Etzels Tod! Dies sagt so, daß kein Ritter es hören kann ohne den Wunsch, sofort herzureisen! Sprecht vor allem zu Giselher so; sagt ihm, ich verzehre mich vor Sehnsucht nach ihm! Und meiner Mutter Ute sagt, noch nie sei eine Königin so geehrt worden wie ihre Tochter. Vor allem aber sorgt, daß Hagen mitkommt. Wenn er sich weigert, so seid erstaunt, daß der einzige Kenner des Wegs in Burgund zurückbleibt. Hagen muß mitziehen, er vor allem! Das ist mein Auftrag an euch! Gott schütze und segne eure Reise! Schafft mir die Nibelungen her!“

„Die Nibelungen?“ fragte Wärbel erstaunt, „wer ist das, Herrin?“

„Sie besitzen den Hort der Nibelungen“, erwiderte Kriemhild, „darum nenne ich sie so. Nun geht und bedenkt, wie ihr Hagen herbringt!“

Da wunderte es die Spielleute, daß Kriemhild so darauf drängte, Hagen im Hunnenland zu haben, allein Kriemhild erstickte ihre Verwunderung in Gold. Sie überschüttete sie mit Geschenken und gab ihnen einen Vorgeschmack des süßen Lebens, das sie nach einer erfolgreichen Rückkehr erwartete. Da gingen die beiden in der Herrin Gebot auf. Das sollte schlimme Folgen haben.

Wie Wärbel und Schwämmel ihre Botschaft überbrachten

Dô Etzel zuo dem Rîne sîne boten sande,
dô flugen disiu mære von lándé ze lande.
mit boten harte snellen er bat und ouch gebôt
zuo sîner hôhgezîte: des holte maniger dâ den tôt.

So zogen Etzels Boten zum Rhein, und vierundzwanzig hunnische Hünen geleiteten sie. In Pöchlarn hielten sie Rast, und dort wurde das Gepäck ihrer Grüße und Geschenke schwerer, und in Passau bei Fürstbischof Pilgrim erhielt es dann sein volles Gewicht. Sie kamen auch heil durch Bayern, denn sie führten Etzels Wappen mit sich, und das schreckte die Räuber. Nach zwölf Tagen hielten sie in Worms.

König Gunther empfing sie auf Hagens Rat mit höchster Ehrerbietung im Thronsaal und hieß sie vor all seinen Herren freundlich willkommen. „Sagt mir doch ohne Umschweife, vieledle Herren“, so rief er, „wie geht es meinem geliebten Schwager, dem erlauchtesten König Etzel, und wie unserer lieben Schwester, seinem hohen Gemahl?“ – „Nichts trübt seit dreizehn Jahren das Glück der beiden“, sprachen da Wärbel und Schwämmel und verneigten sich tief, „es fehlt ihnen nur eins zur vollkommenen Seligkeit, und das ist die Freude, euch wiederzusehen, erhabene Könige von Burgund! Daß ihr euch von ihnen so ferne haltet, beunruhigt meine Herrin wie meinen Herrn, und sie fragen sich, wodurch sie euch wohl gekränkt haben sollten. Sie können es nicht länger erwarten, euch bei sich zu haben!“

„Ich bin beglückt zu hören, daß es dem Hohen Paar wohl ergeht“, erwiderte König Gunther, „allein was die Reise betrifft, so muß dies gründlich beraten werden; es gibt hier viel zu bedenken und abzuwägen! Dies wollen wir aufs gründlichste tun; indessen ruht euch aus und erquickt euch, denn euer Weg war lang und beschwerlich! In sieben Tagen erhaltet ihr dann Bescheid!“ Da sprach Wärbel: „Wir wollen, wenn Ihr erlaubt, zuvor noch der Königin Ute unsre

Aufwartung machen; es verlangt uns sehr, ihr ergeben zu sein!" Da sprach König Gunther: „Das ist sehr nobel und höflich, ihr Herren", und der junge Giselher führte die Boten zu Utes Gemächern. „So lebt meine Schwester also glücklich?" fragte er, da sie zum Palas der Königin schritten. „Sie verzehrt sich vor Sehnsucht nach Euch", erwiderte Wärbel, und Schwämmel sagte: „Sie seufzt oft und denkt, Ihr habt sie vergessen! Manchmal weint sie sogar und nennt dabei Euren Namen! Doch sagt es niemand, wir bitten Euch sehr, daß wir Euch dies gemeldet haben! Es ist uns von der Herrin bei Strafe verboten, Euch zu beunruhigen, doch wir brachten es einfach nicht übers Herz zu schweigen!" Da nahm Giselher seinen goldenen Stirnreifen ab und brach ihn entzwei und schenkte ihn Wärbel und Schwämmel zu gleichen Teilen.

Am selben Tag noch beriet König Gunther mit seinen Herren, wie man sich zu Etzels Botschaft verhalten solle. Der Rat fast aller ging dahin, die Einladung anzunehmen, nur Hagen widersetzte sich aufs heftigste. „Ihr redet, als ob Ihr Euer eigener Feind wäret", so sprach er zu Gunther. „Ihr wißt doch genau, was wir Kriemhild angetan. Wir haben Siegfried erschlagen, oder hat uns das nur geträumt? Ich kenne im Odenwald eine Quelle, habt Ihr die vergessen? Nun, Kriemhild vergaß sie gewiß nicht! Wie könnten wir da ins Hunnenland reiten?"

„Sie hat uns verziehen, als sie noch in Worms war", beruhigte ihn Gunther, „sie bot mir doch selbst den Versöhnungskuß!" – „Herrn Hagen hat sie ausdrücklich ausgenommen!" erinnerte Gernot. „Seitdem sind dreizehn Jahre vergangen", entgegnete Gunther, und ihr habt ja alle gehört, daß sie Siegfrieds nicht mehr gedenkt!" – „So reden ihre Leute", sagte Hagen. Da sagte Giselher: „Wenn Ihr Euch vor einer Frau fürchtet, Tronje, so hindert Euch nichts, zu Hause zu bleiben und uns andere die Reise wagen zu lassen! Ich wenigstens werde zu Kriemhild ziehen!" Da schrie Hagen in hellem Zorn: „So soll denn geschehen, was geschehen soll! Ihr werdet mich nimmer feige nennen! Reiten wir also!" – „Ihr solltet auf Hagen hören", sprach da Herr Rumold, der Küchenmeister, „er rät uns mit Recht, zu Hause zu bleiben. Nirgendwo könnten wir's besser finden! Küche und Keller sind wohlbestellt; wir leben im Überfluß und haben alles, was das Herz nur begehrt, was müssen wir da ins Hunnenland reiten!" – „So wollen wir Etzel melden, wir könnten nicht kommen, wir säßen lieber bei Rumolds Töpfen als an seinem Hof?" fragte Gernot aufgebracht. Da sagte Hagen: „Es ist entschieden. Wir werden reisen und tausend Mann mitnehmen; das ist zwar maßlos für einen Besuch, doch damit können wir den Teufel in der Hölle besiegen! Ich will jeden einzelnen Ritter auswählen, und auf jeden Fall sollen Volker und Dankwart dabei sein! Und wenn wir schon reiten, laßt uns diesen wendigen Boten auf dem Fuße folgen, dann bleibt Kriemhild nicht Zeit, etwas gegen uns vorzubereiten!" So beschlossen sie es. Sie hielten die hunnischen Edlen, wie sehr diese auch zum Aufbruch drängten, zurück und entließen sie erst, als sie selbst zur Reise gerüstet waren. Als die Boten Abschied nahmen, sahen sie einen Schatten durch den Burghof gleiten, der sah aus wie ein Mensch.

„Was ist das?" fragten sie erschauernd.

„Die hochedle Königin Brünhild, kennt ihr sie nicht?" entgegnete ihnen Herr Volker verwundert. Da graute es den Herren, und sie machten sich eilends auf den Weg.

In der Etzelburg wartete Kriemhild voll Ungeduld. „Ihr wart höchst saumselig", sprach sie, „was habt ihr erreicht? Werden alle kommen, die der König geladen hat? Wird Herr Hagen dabeisein? Was hat er zu der Reise gesagt?"

„Wenig Gutes", antworteten die Herren Wärbel und Schwämmel, „allein er kommt mit Euren edlen Brüdern, und auch Herr Volker begleitet ihn!"

„Das freut mich zu hören", sprach Kriemhild, „daß Herr Hagen uns die Ehre gibt! Herr Volker soll mich nicht kümmern, der komme und gehe, wie er mag. Herrn Hagen aber bin ich gewogen. Er ist ein berühmter Held, und ich bin erfreut, ihn hier zu empfangen!"

„Seid Ihr nun glücklich, vielliebe Frau?" fragte König Etzel.

„Ich werde es bald sein", erwiderte Kriemhild, „nun rüstet zum Fest, uns bleibt ja nicht mehr viel Zeit dazu!"

Wie die Nibelungen zu den Hunnen reisten

Nu lâze wir daz belîben, wie sie gebâren hie.
hôchgemuoter recken die gefouren nie
sô rehte hêrlîche in dehéines küneges lant.
si heten swaz si wolden, beidiu wâfen unt gewant.

Tausendundsechzig Ritter und neuntausend Knechte hatten sich zur Reise ins Hunnenland gesammelt, und der Bischof von Speyer segnete im Burghof ihren Zug, da rief die Königin Ute noch einmal ihre Söhne samt den Edelsten des Hofes zu sich und sprach: „Ihr Herren, ich habe einen schlimmen Traum gehabt! Ich sah einen schweigsamen Morgen über Burgund kommen, da lagen alle Vögel tot auf der Erde! Ich bitte euch, bleibt; ihr zieht in euer Verderben!“ Hagen aber erwiderte: „Welcher ehrliche Ritter läßt sich durch Träume schrecken? Die Könige haben zu reisen beschlossen, also werden wir reisen. Wir wollen Kriemhilds Fest gern mit eigenen Augen schauen!“

So setzten sie denn über den Rhein und brauchten dazu einen ganzen Tag. Am anderen Ufer war ihr erster Rastplatz. Dort lag König Gunther noch einmal bei seinem Weibe, und sie war ihm so lieb wie sein Leben. Dann trennten sie die Posaunen und Flöten des Aufbruchs, und der Morgen verscholl im zehntausendfachen Jammern und Weinen der Frauen.

Die Helden reisten frohgemut. Dankwart war ihr Marschall, Hagen ihr Späher. Sie ritten in ihren Kettenpanzern durch Ostfranken an den Main und weiter über das Schwalbenfeld hinunter zur Donau. Die führte Hochwasser; die Ufer lagen überschwemmt; im reißenden Strom trieben entwurzelte Bäume, und es war keine Fähre zu erblicken. Da zog Hagen aus, eine Furt zu finden, und da Bayern nah war, ging er in voller Rüstung mit dem Schwert in der Hand.

Nachdem er lange Zeit das Ufer durchstreift hatte, stieß er auf eine Quelle. Dort badeten Wasserfrauen. Als sie Hagen erblickten, kreischten sie auf und schwammen auf den offenen Strom. Hagen nahm ihre Kleider an sich. Da sprach Hadeburg: „Gib uns die Kleider heraus, kühner Held, und wir werden dir sagen, wie eure Fahrt ins Hunnenland endet!“ Sie lagen wie Möwen auf den Wellen. Hagen nickte. „Ihr könnt unbesorgt reisen“, sagte Hadeburg, „nie brachte eine Fahrt mehr Ehre und Ruhm als die eure!“ Da gab ihnen Hagen gerne die Gewänder zurück. Während des Ankleidens aber sprach Sigelind: „Ich warne dich, Hagen, Aldrians Sohn, meine Muhme hat falsch gesprochen! Unheil erwartet die Nibelungen! Kehrt um, noch ist dazu Zeit! In Etzels Land lauert der Tod!“ – „Ich glaube euch kein Wort mehr“, erwiderte Hagen, „wie könnte der Haß eines Menschen Zehntausende töten?“ Da sprach Hadeburg: „Ein einziger wird zurückkehren, und das ist euer Kaplan! Ihr anderen werdet sterben. Das ist die Wahrheit!“ Da rief Hagen voll Wut: „Wenn ihr alles so ganz genau wißt, dann verratet mir auch, wie wir über den Fluß kommen!“ – „Geh stromaufwärts“, rief Sigelind, „dort steht ein Haus am anderen Ufer, darin wohnt der Fährmann. Er dient König Gelpfart von Bayern. Hüte dich vor seinem Zorn und gib ihm den Lohn, den er begehrt! Will er dich aber nicht holen, so sage, du heißest Amelrich und wärst deinen Feinden entflohen, dann kommt er gewiß!“ Da dankte ihnen Hagen und ging stromaufwärts. Die Meerweiber lachten. Dann tauchten sie in die Quelle zurück.

Hagen ging ein paar Schritte, dann sah er das Haus. Er rief übers Wasser: „Hol über, Fährmann!“ Die Wellen rauschten. Hagens Stimme überscholl ihren Lärm. „Hol über, Fährmann“, so rief er, „ich danke es dir mit rotem Gold!“ Die Wellen tosten. Da schrie Hagen: „Hol über Fährmann! Hier steht Amelrich. Ich bin endlich meinen Feinden entflohen!“ Da trat der Fährmann mit seinem jungen Weib aus dem Haus, und als Hagen ihn erblickte, steckte er seine goldene Brustkette auf das Schwert und ließ sie in der Sonne blitzen. Da hakte der Fährmann den Kahn los. Sein Weib schrie, er solle bei ihr bleiben, doch da ruderte der Fährmann schon tief im Strom. Als er am Ufer anlegen wollte, sprang Hagen zu ihm.

„Wer bist du?“ rief der Fährmann voll Wut. „Du bist nicht Amelrich! Vielleicht führst du diesen Namen, doch du bist nicht mein Bruder! Du hast mich betrogen! Steig aus, wenn dir dein Leben lieb ist!“

„Wenn ich auch Euer Bruder nicht bin, Fährmann“, erwiderte Hagen, „so bin ich doch in Not und will Euch die Überfahrt königlich lohnen!“ – „Mein Herr hat Feinde genug im Land“, sagte darauf der Fährmann, „steig aus!“ Da sagte Hagen: „Ihr verdrießt mich! Nehmt diese goldene Kette, sie soll Euer Lohn sein! Ihr werdet einen ganzen Tag lang fahren müssen! Wir sind unsrer tausend, und auch tausend Pferde!“ Da hob der Fährmann das Ruder und holte zum Schlag aus; Hagen wollte ausweichen, doch dabei stolperte er und fiel hin, und der Fährmann schlug ihm auf den Helm, daß das Ruder zerbrach. Da zog Hagen sein Schwert und köpfte im Knien den Fährmann und warf Kopf und Rumpf in die brüllende Flut. Dann versuchte er das Boot, das abtrieb, ans Ufer zu zwingen, da zerbrach die andere Ruderstange. Der Kahn tanzte hilflos in der Strömung, doch Hagen band das Ruder mit seinem schmalen Schildriemen zusammen und fuhr so bis zum wartenden Heer. Als er anlegte, rauchte das Blut aus dem Boot. Darüber entsetzte sich König Gunther. „Habt Ihr etwa den Fährmann erschlagen, Hagen?“ so fragte er.

„Ich weiß von keinem Fährmann“, erwiderte Hagen. „Ich ging am Ufer, da fand ich das Boot vor einer Weide. Steigt ein!“

„Wie sollen wir damit über den Strom?“ fragte Gernot, „wir sind unser tausend samt zehntausend Knechten und Zaumzeug und Kleidung und Rüstung und Geschenken! Und was fangen wir ohne Fährmann an?“ – „Steigt ein“, rief Hagen, „ich setze euch über; die Pferde treibt in den Strom, die schwimmen schon an ihr Ziel!“ Da stiegen die Herren ein, und die Knechte verluden Gewänder und Gold und Sättel und Zaumzeug und trieben die Pferde in den Strom. Dann stiegen sie zu ihren Herrn, denn das Boot war geräumig. Die Pferde schwammen. Hagen stieß ab. Er ruderte mit der geborstenen Stange. Im Strom trieben Bäume und ertrunkenes Vieh. Da gedachte Hagen des Spruchs der Nixen, und er sah den Kaplan am Rand des Kahns sich über sein Meßgerät auf die Bordkante stützen.

Nun soll sich die Wahrheit erweisen, dachte Hagen und stieß den Kaplan hinterrücks in die Flut. Der Kaplan konnte nicht schwimmen; er versuchte, sich an den Kahn zu klammern, allein Hagen schlug ihm auf die Hände und tauchte ihn mit dem Ruder unter. Das erzürnte Gernot und Giselher, doch sie standen von Hagen getrennt und konnten nichts hindern. „Das ist eine Untat, Herr Hagen!“ rief Giselher wütend, „was hat Euch der arme Pfaffe getan!“ Der schrie, mit den Wellen kämpfend, kläglich um Hilfe, und man wollte ihm auch beispringen, allein Hagen vereitelte jede Rettung. Der Kaplan sank schon, da faßte der Wind seine Kutte und blähte sie wie ein Segel und trug den Ärmsten zum Ufer zurück. Dort kroch er ins Gras und schüttelte sich wie ein Hund. Da stieß der Kahn ans andere Ufer. Der Fluß schrie laut. Die Ritter und Knechte gingen an Land und luden die Güter aus, und da schwammen auch die Pferde heran, und es fehlte keines. Da packte Hagen sein Schwert und zerschlug das Boot.

„Was tust du da, Bruder?“ schrie Dankwart entsetzt. „Wie sollen wir über den Strom zurück, wenn wir wiederkehren?“ Da dachte Hagen: Es kehrt keiner wieder! Jedoch er sagte: „Ich tat dies, falls ein Feigling unter uns umkehren möchte!“ Da murrten die Ritter, daß unter ihnen kein Feigling sei; Volker jedoch stimmte Hagen zu. Er stimmte allem zu, was Hagen riet oder tat, und er hatte großes Geschick, andere zu überzeugen. So war bald jeder mit Hagen versöhnt.

Sie sattelten und zäumten die Rosse und ritten ins Land König Gelpfarts. Sie hatten bislang nur einen Mann verloren, das war der Kaplan. Der ging jenseits des Stroms mit triefender Kutte nach Worms zurück.

Wie Gelpfart von Dankwart erschlagen wurde

Dô si nu wâren alle komen ûf den sant,
der künec begonde vrâgen: „wer sol uns durch daz lant
die rehten wege wîsen, daz wir niht irre varn?"
dô sprach der starke Volkêr: „daz sol ich éiné bewarn."

„Wer soll uns durch Bayern führen", fragte König Gunther, „wer weiß hier Bescheid?" – „Das laß mich machen", erwiderte Volker, „ich kenne hier jeden Weg und Steg!" Da sagte Hagen: „Nun hört mein Wort, ihr Herren Ritter, und auch ihr Knechte! Ich habe euch Schlimmes zu melden. Zwei Nixen haben mir geweissagt, von uns allen kehre nur der Kaplan nach Burgund zurück. Diesen Spruch habe ich wollen zuschanden machen, doch nun ist er erfüllt! Da wird sich der Rest wohl auch erfüllen! Ich rate euch, waffnet euch fortan gut!"

Da wurden die Helden bleich, denn den Tod fürchten alle. Dann aber dachte jeder: Das ist eine Lüge; Hagen will uns erproben. So ritten sie weiter. Sie hätten noch umkehren können, doch sie ritten weiter. Da sagte Hagen: „Habt acht auf die Straße! Ich habe gestern den Fährmann erschlagen, das muß mittlerweile ruchbar sein! Sicher schickt Gelpfart nun Rächer aus! Ich will mit Dankwart in der Nachhut bleiben. Wir werden langsam reiten, damit es nicht aussieht, als seien wir auf der Flucht!"

Es war schon spät am Tag, als sie nach Mehringen kamen, da sprengte König Gelpfart mit siebenhundert Rittern die Straße herunter und eilte hinter den Trabenden her. Hagen ließ halten und die Helme festbinden. „Wir suchen die Mörder unseres Fährmanns", rief König Gelpfart, „wißt ihr etwas von ihnen? Sie haben einen tapferen Helden erschlagen und sollen es büßen." Da fragte Hagen: „So war der Fährmann in Euren Diensten? Wahrhaftig, das wußte ich nicht. Ich habe ihm reichen Lohn geboten, Gewänder und Gold, doch er wurde wütend und griff mich an und schlug mich nieder, da habe ich mich meiner Haut gewehrt. Ich habe ihn verwundet, daran ist er gestorben. Es tut mir leid, Euch geschadet zu haben, allein es war Notwehr und nicht Mord!"

„Ihr habt ihn erschlagen und werdet es büßen!“ rief Gelpfart, und er rannte mit eingelegter Lanze auf Hagen los. Der rasende Stoß bäumte Hagens Pferd; der Sattelgurt riß, und der Tronjer stürzte hintüber ins Gras. Gelpfart sprang ab und griff den Auftaumelnden mit dem Schwert an; er schlug ihm ein großes Stück aus dem Schild und brachte ihn in so arge Bedrängnis, daß Hagen seinen Bruder Dankwart zu Hilfe rief. Der hieb sich durchs Getümmel, das im Nu aus wildestem Haß entbrannt war, und zu zweit schlugen sie schließlich den König tot. Als die Bayern das sahen, flohen sie übers Feld, und die Burgunder verfolgten sie in die Nacht hinein. Da der Mond die Wolken durchbrach, zählten sie ihre Toten. Sie hatten vier Ritter verloren, die Bayern wohl hundert. Der heftige Kampf hatte die Sieger erschöpft, und sie wollten sich ins Moos legen und schlafen, allein Hagen und Dankwart durften eine Rast nicht dulden, und so ritten sie, wie müd sie auch waren, die ganze Nacht hindurch und holten in der Früh bei Passau die Hauptmacht ein. Dort wurde das Lager aufgeschlagen, und der Onkel der Könige, der Fürstbischof Pilgrim, las eine Messe und segnete das riesige Heer, das setzte dann über die Donau und zog weiter zu Rüdigers Lehen. Diesen Weg ritt Hagen wieder voran.

An der Grenze der hunnischen Mark lag ein schlafender Ritter. Hagen nahm ihm das Schwert vom Gehenk, dann weckte er ihn, und da sah er erstaunt, daß der Erwachende Herrn Eckewart glich, allein sein Bart floß ihm bis aufs Knie, und sein Gesicht war verwittert wie Eichenrinde, und sein Haar war schütteres Silber. „Weh mir, daß ich einschlief!“ rief der Ritter. „Wie schlecht habe ich meinen Dienst getan! Nun bin ich ehrlos für immer!“ Der Alte weinte; da gab ihm Hagen das Schwert zurück und schenkte ihm noch sechs goldene Ringe und sprach: „Klagt nicht; Ihr seid ein tapferer Ritter, allein wer seid ihr? Seid Ihr Eckewart? Was tut Ihr hier so allein?“

„Kriemhild schickt mich“, erwiderte Eckewart. „Ich warte auf Euch schon tausend Jahre, darum schlief ich ein. Wie schlecht tue ich meinen Dienst! Kriemhild warnt euch, weiterzureisen. Im Hunnenland lauert der Tod. Kehrt um, es ist noch Zeit dazu! Das ist die Botschaft meiner Herrin!"

Die Stimme des Alten ging wie der Wind, und der Wind wehte ihm durch die Kleider und durch den Leib. „Siegfried ist erschlagen", sprach Eckewart, „hütet euch wohl! Ihr sollt alle zu ihm ins Grab! Wie bin ich müde! Tausend Jahre warte ich schon auf euch! Habt Dank für die Reifen! Mehr spreche ich nicht!" Der Wind verwehte sein Wort und verwehte seine Kleider und seinen Leib. Hagen stand allein. Es geschehen seltsame Dinge auf dieser Reise, dachte er. Da dröhnte die Straße, und Markgraf Eckewart sprengte heran. Seine Augen waren frisch, und sein hartes Kinn im glatten Gesicht war bartlos. Er lachte, da er Hagen sah, und schwenkte zur Begrüßung seinen bunten Hut.

„Willkommen vor Etzels Mark und Rüdigers Burg, Herr Hagen", sprach Eckewart; „die gute Königin Kriemhild schickt mich, für euch zu sorgen! Herr Rüdiger und Frau Gotelind erwarten euch, und ihr Haus ist von Behaglichkeit so voll wie eine Maiau von Blumen!"

„Ich danke Euch, Herr Eckewart", erwiderte Hagen, „sahen wir uns heute nicht schon einmal?"

Eckewart schüttelte verwundert den Kopf. „Wie könnte das sein?" sprach er, „da ich doch geradewegs aus Rüdigers Burg komme?"

„So laßt uns denn zu Herrn Rüdiger ziehen", entgegnete Hagen, „eine Rast wird uns allen guttun!" Fern zwischen den Höhen blitzte der Stahl der Hauptmacht. Der Wind sauste. Sie ritten dahin.

Wie die Nibelungen nach Pöchlarn reisten

Dô gie der marcgrâve dâ er die vrouwen vant,
sín wîp mit sîner tohter, und sagete in zehant
diu vil lieben mære, diu er hete vernomen,
daz in ir frouwen brüeder dar ze hûse solden komen.

Herr Rüdiger und Frau Gotelind hießen ihre Gäste von Herzen willkommen und empfingen sie auf die nobelste Art. Rüdiger ging ihnen bis zur Donau entgegen. „Ich fürchte, wir bringen Euch in Verlegenheit", sprach Dankwart, „wir sind unser tausend und dazu neuntausend Knechte im Troß! So gastfrei auch Euer Haus ist, Ihr könnt unmöglich für alle sorgen!“ – „Das laßt mich und Frau Gotelind und meine tüchtige Dietlind nur machen“, erwiderte Rüdiger, „es ist an alles gedacht; Speise und Trank steht bereit, und die Wiesen hier haben wir etwas eingeebnet, da schlagt Eure Zelte auf! Die Pferde könnt ihr frei laufen lassen; ich habe Wachen ringsum gestellt, und ihr seid ganz sicher vor Räubern und Dieben! Euer Gepäck wird in der Burg verwahrt; kein Sporn und keine Schnalle werden verlorengehen, und käme doch etwas abhanden, so leiste ich gerne Schadenersatz! Meine Mark ist klein, doch niemand soll sie unwirtlich schelten! Nun aber folgt mir, ich bitte euch herzlich, zur Burg; meine Frau und meine Tochter vergehen schon vor Ungeduld, euch zu bewirten!“ Da folgten die Ritter Herrn Rüdiger freudig zur Burg, denn so einladend hatte noch kein Gastgeber zu ihnen gesprochen. Unterm Tor stand Frau Gotelind mit ihrer Tocher und sechsunddreißig Edelfräulein und allen Frauen der Vasallen; sie trugen Gold um Hals und Haar, und auf ihren grünen Gewändern glühten Rubine, und sie waren selbst Rosen im grünen Mai. Kaum eine von ihnen hatte es nötig gehabt, sich zu schminken, und keine brauchte falsches Haar. Herr Rüdiger hatte die Frauen gebeten, die vornehmsten seiner Gäste mit einem Kuß zu begrüßen, und so küßte denn Dietlind, wie ihre Mutter es tat, die Könige Gunther, Gernot und Giselher, dann küßte sie die Herren Dankwart und Volker, jedoch vor Hagen schrak sie zurück. Sie wurde blaß und rot vor Schreck, als sie dachte, daß dies der Mann sei, der Siegfried erschlagen; sie wandte sich ab und war zum Sterben verlegen, allein ihr Vater stieß sie in den Rücken, und sie überwand sich und küßte, wenn auch ihr Herz zu zerspringen drohte, Herrn Hagen flüchtig auf die Stirn. Der junge Giselher sah ihre Angst. „Ich will Euch geleiten, liebstes Fräulein“, so sprach er und faßte ihre Hand. Frau Gotelind führte Herrn Gunther, und Rüdiger ging neben Gernot, den eigentlich die junge Markgräfin hätte geleiten sollen. Die Damen in ihrem Rubinglanz aber versickerten in der Flut der Ritter.

Als zu Tisch gebeten wurde, trennte man sich wieder; Herren und Damen speisten, wie es die gute Sitte gebot, getrennt, nur die Hausfrau saß der Rittertafel obenan. Die speiste und trank und war voller Fröhlichkeit, und die Rufe nach der schönen Tochter verstummten nicht. Herr Volker sprach: „Erlauchter Herr Markgraf, wie reich hat Euch doch Gott gesegnet! Welch ein schönes Weib nennt Ihr Euer eigen und welch eine schöne Tochter auch! Wahrhaftig, wenn ich ein König wäre, dann wagte ich, um das Fräulein zu freien!“

Da wurde Frau Gotelind röter als alle Rubine, und Rüdiger sprach: „Ihr tut mir zuviel Ehre an, lieber Herr von Alzay! Wir sind arme Vertriebene aus dem arabischen Spanien und leben von Gnaden unseres guten Königs Etzel; Ihr seid zu aufmerksam, daß Ihr uns so schmeichelt!“ – „O nein, nichts von Schmeichelei gesagt!“ rief da König Gernot, „wahrhaftig, wenn ich noch Junggeselle wäre und eine Braut wählen sollte, wählte ich niemand anderes als Euer Töchterlein! Sie ist so zuchtvoll und heiter und kostbar und innig zugleich, daß man sie einfach lieben muß!“ – „Was redet ihr viel von Wenn und Aber, ihr Herren?“ rief da Hagen, „König Giselher ist doch noch unbeweibt, und es ist Zeit, daß er sich vermählte! Ich weiß, daß es ihm schwerfällt, sein Herz zu offenbaren, darum rede ich davon! Die junge Markgräfin ist von edelster Abkunft und Art, und wenn mein Herr Giselher ihr daheim am Rhein eine Krone aufsetzte, wahrhaftig, ich und meine Ritter beugten gerne zu ihrem Dienst die Knie!“

Da blickten Herr Rüdiger und Frau Gotelind einander voll stolzer Freude an, und man kam noch bei Tisch überein, die Verlobung zu feiern, und es war keiner glücklicher darüber als der junge Giselher. König Gunther übereignete dem Paar als Morgengabe eine Burg über Worms und dazu gebührend Land und Leute, und König Gernot beeidete als Zeuge diesen Vertrag. Da sagte der Markgraf: „Ich habe nicht Lande noch Burgen außer dieser einen, und die gehört meinem guten König, doch ich will meiner Tochter hundert Saumtierladungen Silber mitgeben und Euch einen Schatz, der mehr ist als Gold: meine Treue!“ Da wurde nach dem Fräulein geschickt, und die Ritter schlossen einen Ring um das jungen Paar; die Braut aber war so verwirrt, daß sie der Vater in den Rücken stoßen mußte, als es ihr Ja zu sprechen galt. Dann ertrank ihre Stimme in Freudentränen.

Man kam überein, das Beilager nach der Rückkehr aus Ungarn zu feiern. Herr Rüdiger und Frau Gotelind nötigten ihre Gäste, noch vier Tage zu bleiben, bis das letzte Fäßchen Wein und der letzte Laib Käse verzehrt waren, und als sie schieden, wurden ihnen kostbare Gaben zuteil. Was einer nur ansah, als ob es ihm gefalle, das wurde sein eigen, und wenn die stolzen Burgunder gewöhnlich von niemandem Geschenke annahmen, von diesen Wirten nahmen sie alles mit Dank. König Gunther empfing einen Harnisch, der jedem Fürsten zur Ehre gereicht hätte, König Gernot ein Schwert (mit dem er dann Rüdiger töten sollte), Hagen einen seeblauen Schild, Dankwart einen Ballen Gewänder aus Pfellel und Herr Volker für sein zaubrisches Geigenspiel zwölf Ringe aus syrischem Gold. Giselher hatte Dietlind empfangen, doch er hatte noch nicht bei ihr gelegen; sie wollte es nicht, ehe nicht die Hochzeit gefeiert war. Zum Abschied küßte sie ihn auf den Mund; Süßeres war ihm von einer Frau noch nicht gewährt worden, und Süßeres war ihm auch nicht mehr vergönnt.

Herr Eckewart drängte zum Aufbruch.

„Ich habe euch Treue gelobt“, sprach der Markgraf, „und ich will sie euch sogleich beweisen. Ich gebe euch mit fünfhundert Mann Geleit bis zur Etzelsburg. Ihr sollt gänzlich sorglos und sicher reisen!“ Also geschah es. Plaudernd ritten die neuen Verwandten durch das blühende österreichische Land, und die Donau spiegelte ihre heitren Gesichter zwischen Bergen und Bäumen.

Als König Etzel das Nahen der Gäste gemeldet wurde, hieß er die Anstalten zum Empfang noch einmal aufs sorgfältigste überprüfen, und er ließ es sich nicht nehmen, selbst nach dem Rechten zu sehen. Die Königin stand zu dieser Stunde an einem Fenster ihres Saales, und hunnische Edle umringten sie. Auf der Straße wallte Staub, und Harnische blitzten. „Sie haben sich in Worms neue Schilde und Halsperge angeschafft“, sprach Kriemhild vor sich hin. Und sie sagte laut: „Es naht eine günstige Stunde! Wer sich Gold erwerben will, kann es bald tun. Er mag nur meines Leids gedenken!“

Wie die Burgunder zu den Hunnen kamen

Dô die Burgonden kômen in daz lant,
do gevríesch éz von Berne der alte Hildebrant.
er sagtez sînem herren ez was im harte leit.
er bat in wol enpfâhen die ritter küene unt gemeit.

Da die Burgunder zur Etzelsburg zogen, ging ihnen Herr Dietrich von Bern zu Fuß entgegen. Sein Waffenmeister, der greise Herr Hildebrand, sein Schwestersohn Wolfhart und viel edle Herren aus dem Heer der Amelungen schritten an seiner Seite. Als Hagen die Berner heranreiten sah, riet er den Königen abzusteigen und ihnen, die ihnen zur Ehre entgegengingen, ebenfalls zur Ehre entgegenzugehen.

Herr Dietrich zeigte sich, obwohl König Etzel sein Lehnsherr war, überaus bekümmert, seine Freunde im Hunnenland zu erblicken. Er dachte: Wissen sie nicht, was Kriemhild plant? Seit wann ist Hagen derart verblendet? Und warum nur hat Rüdiger sie nicht gewarnt? Er ist wahrhaftig zu arglos und aus Dankbarkeit zu kindhaft gläubig, wenn es seine Herrschaft betrifft!

Und er dachte: Noch können sie umkehren! Es widerspricht meiner Treuepflicht nicht, wenn ich sie warne. Es darf nicht geschehen, daß sie in den Tod gehn!

Er umarmte die Könige. „Willkommen, ihr Herren vom Rhein“, so sprach er, „willkommen, Herr Dankwart, willkommen, Herr Volker, willkommen, Herr Hagen, was tut ihr hier? Ist euch nicht bekannt, daß die Königin immer noch Trauer hat? Sie ist nicht zu Festen gestimmt; sie weint noch immer um Siegfried! Kehrt um, ihr kommt nicht gelegen!“ – „Siegfried ist längst begraben“, erwiderte Hagen, „und aus dem Grab kehrt keiner zurück!“ – „O du

Schwert und Schild der Nibelungen, wie furchtbar sprichst du die Wahrheit", rief da Herr Dietrich, „nun sieh zu, daß euch dieser Spruch nicht trifft! Solange Kriemhild atmet, atmet sie Rache! Ich habe euch gesagt, was ich weiß! Hütet euch!"

„Ihr redet höchst seltsam, vieledler Freund Dietrich", sprach da König Gunther, „warum sollten wir uns zu hüten haben? Wir wurden eingeladen, wie es sich geziemt; wir haben die Einladung angenommen, und nun sind wir hier und gedenken zu feiern! Herr Etzel ist wohl ein Heide, doch er gilt als ein Vorbild der Ritterschaft; es kann nicht sein, daß er sich an seinen Gästen vergreift! Und auch meine Schwester hat ja nach uns gesandt!" Da seufzte Dietrich. „Ich bitt Euch, was wißt Ihr von Kriemhilds Plänen?" fragte ihn Hagen. „Sie steht jeden Abend am Fenster und schaut der Sonne nach, wenn sie sinkt, und weint und nennt Siegfrieds Namen", erwiderte Dietrich, „genügt Euch das?" – „Wir werden es nicht mehr ändern", entgegnete Volker, „laßt uns weiterreiten. Es gibt kein Zurück mehr!"

Da ritten sie in Etzels Burg.

Die hunnischen Knechte drängten sich gaffend und rieten, wer von den Gästen wohl Hagen sei, der den starken Siegfried, den ersten Gemahl ihrer Königin, erschlagen, und sie sahen einen, der hatte eine Brust wie ein Berg und eine Faust wie ein Stein und zwei Augen wie Eis, sein Bart schien aus Stahl und Silber gewirkt, und sein Gang war der eines Elchs und seine Stimme die eines Löwen. Von diesem flüsterten sie scheu: Der ist es! Ein hunnischer Kämmerer eilte herbei, den Troß zu versorgen; er empfing die Knechte mit freundlichen Scherzen und führte sie, wie es überall Brauch war, zu einer gesonderten Unterkunft in den Wirtschaftsflügel. Dankwart als Marschall blieb bei ihnen. Da kam die schöne Kriemhild die Treppe herunter. Zwölf Königstöchter geleiteten sie.

Die Herrin lächelte ihren Gästen zu und verneigte sich vor ihnen und sprach: „Willkommen, Nibelungen, in Etzels Land!" Sie faßte Gunther und Gernot an der Hand, dann ging sie zu Giselher und küßte ihn auf den Mund, sonst küßte sie keinen und gab auch keinem anderen die Hand und redete auch keinen an. Da zog Hagen den Helmriemen fester. „Die Könige werden anders empfangen als ihre Mannen“, sagte er so laut, daß Kriemhild es hören mußte, „da werden sich die Ritter wohl vorsehen müssen! Es herrschen seltsame Sitten auf dieser Burg!“

„Euch mag begrüßen, wer Euch gewogen ist“, entgegnete Kriemhild. „Was habt Ihr mir denn Besonderes mitgebracht, daß Ihr mir so willkommen sein solltet?“

„Oh“, sagte Hagen, „ich wußte nicht, daß die Geliebte des Hunnenkönigs auch die Gaben eines Ritters nicht verschmäht; ich wäre sonst in der Lage gewesen, ihr eine Kleinigkeit mitzubringen!“

„Ich frage nach dem Hort der Nibelungen“, erwiderte Kriemhild, „er ist mein Eigentum, und ich habe erwartet, daß Ihr ihn herschafft! Wo ist er?“

„Im Rhein, teure Frau Kriemhild, im Rhein“, erwiderte Hagen, „und dort mag er ruhn bis zum Jüngsten Gericht! Mein König hat es mir so befohlen, und ich habe gehorcht, wie es meine Pflicht war!“

„Das konnte ich mir denken“, sagte Kriemhild, „daß Ihr mein Eigentum unterschlagt! Ihr wollt mich kränken bis ich sterbe!“

„Ich habe meinen Schild mitgebracht, schöne Frau“, erwiderte Hagen, „und meinen Helm und meinen Harnisch und mein Schwert, deswegen habe ich nichts weiter bei mir!“

Da wandte sich Kriemhild den Rittern zu. „Der König erwartet euch im Festsaal, vielliebe Herren“, so sprach sie, „ich bitte euch, legt die Waffen ab, wie es Brauch ist, ich will sie wohl verwahren lassen!“

Da lachte Hagen. „Bemüht Euch nicht, edle Frau“, so rief er, „mein Vater hat mich gelehrt, daß Königinnen keine Bauernmägde sind und nicht Knechtdienste tun, zumindest nicht bei uns in Burgund! Ihr sollt Euch mit unserem Eisen nicht schleppen; ich will mein eigener Kämmerer sein!“

„Leg die Waffen ab, lieber Bruder“, sprach Kriemhild zu Gunther; der aber schüttelte den Kopf. Da dachte Kriemhild voll Wut, und man sah auf ihrem Gesicht, was sie dachte: Einer hat sie gewarnt! Wer hat das getan? Er soll auf der Stelle des Todes sein! Da fiel ihr Blick auf Dietrich von Bern, der sich in der Nähe der Könige aufhielt. Sie maß ihn haßerfüllt, und er widerstand ihren Augen. Er dachte: du Teufelin! Er dachte: Du wirst es nicht wagen, dich an mir zu vergreifen! Er dachte: Ja, ich hab es getan, ich werde es nicht leugnen! Da wußte Kriemhild, wer der Warner gewesen war, und sie wandte sich um und ging rasch aus dem Hof. Dietrich aber sprach zu den Königen: „Nun wißt ihr, was ihr wissen müßt! Kehrt um! Es ist noch Zeit!“ Da sah König Etzel aus dem Fenster und erblickte Hagen: „Wer ist das?“ fragte er, „ist das nicht Hagen, Aldrians Sohn? Ich erkenne ihn wohl! Wie lang schon sah ich ihn nicht! Sein Vater ist ein armer Teufel gewesen; ich habe ihn zum Ritter gemacht und ihn ausgestattet, und der kleine Hagen hat als Knappe an meinem Hof gespielt! Wie freue ich mich, ihn wiederzusehen! Warum zögert er so lange im Hof? Ich erwarte ihn doch! Vorwärts, laßt die Posaunen und Flöten ertönen! Wir haben liebe Gäste im Land!“

Wie Kriemhild Hagen schalt und wie er nicht vor ihr aufstand

Dô schieden sich die zwêne recken lobelîch,
Hagene von Tronege und ouch her Dietrîch
dô blihte über ahsel der Guntheres man
nâch einem hergesellen, den er vil schíeré gewan.

Die Burgunder begannen sich um die Könige zu sammeln. Zurückgebliebene fanden sich ein. Knechte und Knappen eilten geschäftig. Da noch etwas Zeit war, winkte Hagen seinem Gefährten, und die beiden gingen über den weiten, von Stimmen und Staunen durchrauschten Hof bis vor einen riesigen Palas. Dort setzten sie sich auf eine Bank. Es war dies vor Kriemhilds eigenem Saal, und Hagen wußte auch, daß dies Kriemhilds Palas war, vor dem sie sich setzten, denn er hatte ihren Weg durch den Hof genau verfolgt. Die Königin sah sie kommen und sich vor ihr Fenster setzen, und da zerbrach ihr Herz, und sie begann zu weinen. „Wer hat Euch gekränkt, vieledle Herrin", sprachen die hunnischen Edlen, die bei ihr weilten. „Das hat Hagen getan", entgegnete Kriemhild. Da sie diesen Namen aussprach, wehte plötzlich unsichtbarer Nebel durch Hof und Saal. „Er muß Euch Böses angetan haben", hörte Kriemhild die Ritter reden, „wir haben Euch doch heute morgen noch so fröhlich gesehen wie schon lange nicht mehr. Gebietet über uns, und der Frechling überlebt diesen Tag nicht!" Da dachte die Königin, sich ihnen vor die Füße zu werfen, und da sie dies dachte, lag sie vor ihnen auf den Knien. Rächt mich an Hagen, edle hunnische Herren, so rief sie, tötet ihn, trefft ihn an Leben und Leib! Da dröhnten Posaunen und Hörner und bronzene Becken, und da standen die Herren, es waren ihrer sechzig, plötzlich im Harnisch da. Da sprach Kriemhild: Wie stellt ihr euch das vor? Ihr habt in euerem Leben noch nie in einem Kampf auf Leben und Tod gestanden. Außerdem sind dies Teufel und keine Menschen! Euer winziges Häuflein, so beflissen es auch für mich brennt, wird den beiden nicht schaden! Da waren es im Nu sechzigtausend, und alle standen gepanzert um Kriemhild im Kreis und trugen Schild und Schwert in den Händen. Dies alles geschah während eines Posaunenstoßes, und die Schärfe der Schwerter zerschnitt die Töne zu schrillem Heulen. Da nickte Kriemhild und sagte: So wird es gut sein! Ich danke euch ob eures Eifers, ihr lieben hunnischen Herren! Doch zähmet ihn noch eine Weile; ich will gekrönt vor die Feinde treten und ihnen meine Klage ins Gesicht schreien; die Schuld allein wird sie niederzwingen! Dann mögt ihr sie töten! Da schlugen die Ritter die Schwerter an die Schilde. Kriemhild stand am Fenster auf die Brüstung gestützt. Posaunen und Flöten und Becken dröhnten. „Was ist Euch, Herrin?" fragten ihre Kämmerer, „was hat Euch so erschreckt? Ihr redetet etwas von Hagen; wir haben Euch nicht verstanden!" Kriemhild wandte sich um. „Die vor meinem Fenster sitzen, sind meine Feinde, vieledle Herren", so sprach sie. „Hört zu, wessen ich sie anklage, und was sie darauf erwidern! Hört genau jedes Wort. Nehmt eure

Waffen!“ Sie ging hinaus, und die sechzig Ritter folgten ihr.

Volker sah Kriemhild die Palastreppe herunterkommen. „Seht hin, Freund Hagen“, so sprach er, „da naht unsre Gastgeberin wieder. Für eines Königs Weib hat sie merkwürdig viel gewaffnete Krieger um sich! Sie haben auch so eine verdächtig breite Brust; ich glaube, sie tragen Harnische unter den Hemden. Wem soll das gelten?“ – „Mir“, sagte Hagen, „versprecht Ihr mir Beistand?“ – „Wie könnt Ihr da fragen“, entgegnete Volker, „selbst wenn Etzel gegen Euch stritte, würde ich für Euch das Schwert ziehn! Solange ich lebe, weiche ich keinen Fußbreit von Eurer Seite!“ – „Gott lohne Euch dieses Wort“, rief Hagen, „nun mag kommen, was will! Nun mögen die hunnischen Herren sich vorsehn!“

Die Königin trat aus dem Palas. „Wir wollen aufstehen und uns vor ihr verneigen, wie es die Sitte gebietet“, schlug Volker vor, „wir ehren uns ja nur selbst, wenn wir höflich sind!“ – „Ich bitte Euch, bleiben wir sitzen“, entgegnete Hagen, „sonst glauben diese Laffen noch, wir stünden aus Furcht vor ihnen auf! Ich habe auch gar keinen Grund, die dort für ihren Haß noch zu ehren! Mag sie mir zürnen, was kümmert's mich!“ Da er dies sagte, legte Hagen sein Schwert über die Knie; es hatte einen goldenen Griff; sein Knauf war ein grasgrüner Jaspis und seine Scheide blutroter Samt. Kriemhild schrie auf, da sie das Schwert sah, denn es war Balmung. Volker hatte seinen Fiedelbogen über die Knie gelegt, und so saßen die beiden und dünkten sich erhaben, da sie so saßen. Die Königin stand und wartete, doch die beiden saßen und sahen in die Luft und schwiegen. Da trat die Königin vor sie hin. Sie stand so dicht vor den Sitzenden, daß sie ihnen fast auf die Füße trat.

„Sagt an, Herr Hagen“, so sprach sie, „wer hat Euch eigentlich eingeladen, daß Ihr Euch dermaßen aufspielt? Ich entsinne mich nicht, nach Euch gesandt zu haben. Ihr wißt genau, was Ihr mir angetan habt; wie könnt Ihr es da wagen, in dieses Land zu kommen?“

„Nach mir hat niemand gesandt“, entgegnete Hagen, „man hat drei Herren geladen, und da ich ihr Dienstmann bin, haben sie mich mitgenommen. Das ist nun einmal so!" Da sagte Kriemhild: „Redet nur weiter! Sagt nur, wie Ihr meinen Haß erwarbet!" Sie schrie: „Ihr habt meinen lieben Mann, Ihr habt Siegfried erschlagen!" – „Ja", erwiderte Hagen und wiegte Balmung, „das habe ich getan. Ich bin Hagen und habe Siegfried erschlagen, und Ihr seid Kriemhild und habt meiner Königin Brünhild tödlichen Schimpf angetan. Keiner soll leugnen, was er getan hat. Die Schuld an Siegfrieds Tod will ich allein tragen und sie mag rächen, wer da kann. Gut, ich leugne es nicht: Ich habe Euch viel Leid zugefügt!"

Da wandte sich Kriemhild zu ihren Kriegern. „Ihr habt gehört, vieledle Herren, daß dieser Mann nichts abstreitet!" sprach sie zu ihnen; „was nun, ihr kühnen Streiter Etzels, ferner geschieht, das soll mich nicht kümmern!" Da blickten die hunnischen Ritter einander verlegen an und standen vor der Treppe und rührten sich nicht. Was schaust du mich denn so an? dachte da der eine vom andren, und dieser dachte: Wer weiß, wie das alles zusammenhängt! Das sind alte Dinge, was soll gerade ich mich darum ereifern; und der dritte dachte: Ich bin nicht des Teufels, mit diesen Recken zu streiten! – Ich kenne Hagen von früher, dachte ein vierter, er hat schon als Junker zweiundzwanzig Schlachten geschlagen, er ist unverwundbar, und nun trägt er außerdem noch Balmung! Nicht für einen Turm roten Goldes höbe ich meine Hand gegen die beiden, dachte der fünfte. Die stolze Fremde will unser Verderben, dachte der sechste. So blieben sie um Kriemhild geschart und hörten sie klagen und sagten kein Wort. Da sprach Volker zu Hagen: „Sie sinnen Verderben, das ist ganz klar. Wir sollten Etzel gradweg nach seinen Absichten fragen! Mit Besonnenheit läßt sich noch alles verhindern!" – „Ich stimme Euch zu, Volker", erwiderte Hagen, „laßt uns zu Etzel gehen!"

Die Burgunder hatten sich geordnet; die drei Könige standen an ihrer Spitze, und Hagen und Volker reihten sich ein. Posaunen schmetterten. Herr Dietrich von Bern ging den Gästen entgegen und verneigte sich vor König Gunther, und König Gunther senkte zum Dank vor Herrn Dietrich das

Haupt, dann faßte jeder des anderen Hand. Mit gleichem Anstand wurde König Gernot von Irmfried von Thüringen begrüßt und König Giselher von Markgraf Rüdiger, der sich in der Zwischenzeit beim König gemeldet hatte. In ähnlicher Weise geleiteten je ein hunnischer Fürst einen burgundischen Edlen, nur Hagen und Volker schritten nebeneinanderher, und so hielten sie es, bis der Tod sie trennte.

Als König Gunther an der Seite Dietrichs den Saal betrat, sprang König Etzel von seinem Thron und eilte seinen Gästen entgegen, und er war doch der mächtigste Herrscher der Welt! „Willkommen in unserem Land, Herr Gunther", so redete er, „willkommen, Herr Gernot, willkommen, Herr Giselher, willkommen, Herr Hagen und Herr Volker, willkommen all ihr Edlen und Ritter und Mannen aus dem mächtigen Reich Burgund! Ich und mein gutes Weib haben euch als Gäste zu uns gebeten, und wir sind glücklich, daß ihr unserem Wunsche so rasch gefolgt seid! Von Herzen willkommen, vieledle Herren, von Herzen willkommen! Wir wollen auf euer aller Gesundheit trinken!" Mit diesen Worten führte er König Gunther zu seinem Thronsitz und bot ihm mit eigenen Händen eine goldene Schale voll Maulbeerweins, und seine Fürsten bewirteten gleichermaßen die burgundischen Herren. „Ich danke euch nochmals, daß ihr gekommen seid, liebe Ritter vom Rhein", sprach König Etzel, „ihr habt mein gutes Weib aus großer Betrübnis erlöst! Sie ist vor Sehnsucht nach euch schier vergangen, und auch ich habe mich oft gefragt, ob wir euch etwa gekränkt haben, daß ihr uns so lange ferngeblieben seid! Nun aber freue ich mich, euch hier zu haben, und gar noch mit soviel edlen Herren! Doch jetzt zu Tisch, wenn es euch recht ist! Was unser Land bietet, steht für euch bereit!"

Da gingen die Herren miteinander zur Tafel, und als es sich fügte, daß Rüdiger neben Etzel stand, sagte der Markgraf: „Mein Gebieter, Ihr freut Euch mit Recht über diese Gäste, meine lieben Verwandten! Sind es doch die Verwandten der Königin!"

„Gewiß", sagte König Etzel, „gewiß!" Dann brachte der Trubel sie wieder auseinander.

Wie Hagen und Volker Wache hielten

Der tac der hete nu ende und nâhet' in diu naht
die wegemüeden recken, ir sórge si án vaht,
wánne si sólden ruowen und an ir bette gân.
daz bereite Hagene; ez wart in schiere kunt getân.

„Erlaubt uns jetzt, uns zurückzuziehen", sprach König Gunther, als das Festmahl geendet war, „und habt die Güte, uns den Weg zum Schlafgemach zu weisen, wir sind sehr müde von der langen Reise! Morgen, wenn es Euch recht ist, wollen wir Euch wieder unsere Aufwartung machen!" – „Heute ist die Sonnwendnacht, da mögt ihr gut schlummern", entgegnete König Etzel, „und morgen seid ihr uns willkommen, wann immer ihr mögt! Meine Burg und mein Land sind euer, nichts soll euch fehlen, gebietet über alles, wonach ihr begehrt! Und nun eine gute Ruh! Herr Gibich wird euch geleiten!" Da dankten ihm die Gäste und gingen über den Hof in die nahende Nacht.

Da die Burgunder zu ihrem Schlafgemach geführt wurden, drängten sich wieder neugierige Scharen um sie. „Was sind das alles für Leute?" sprach da Volker zu Hagen, „wollen die sich etwa Ritter nennen? Ihrem Benehmen nach sind es Bauerntölpel!" Da er dies sprach, stieß er einen der Hunnen zur Seite und sagte: „Aus dem Weg, oder ich werde euch eins aufspielen! Was glotzt ihr uns an! Habt ihr noch keine Helden gesehen? Platz da, Platz!" – „Herr Volker rät euch im Guten, ihr Mannen Kriemhilds", sprach Hagen laut über die Schulter ins Dämmern, „wer etwas mit uns zu verhandeln hat, mag dies morgen tun. Jetzt sind wir müde und wollen schlafen. Nachts herrsche Frieden, so hielten es ehrliche Männer zu allen Zeiten!"

Herr Gibich führte die Gäste in einen riesigen Saal, darin in langen Reihen die kostbarsten Bettlager standen, die man je gesehen. Die Untergestelle waren aus schwarzem Holz und aus Elfenbein; Die Beschläge waren aus Gold, die Decken waren aus syrischer Seide und mit leuchtenden roten und grünen Borten besetzt, die Überdecken waren aus weißem Hermelin und schwarzem Zobel, und die Kissen waren mit dem Flaum von Pfauen und Schwänen gefüllt. So herrlich hatte noch kein König genächtigt. „Weh uns“, rief da der junge Giselher, „dieses Lager ist viel zu wohlig! Ich fürchte, aus diesem Schlaf wacht keiner mehr auf!“ – „Ängstigt euch nicht“, sprach da Hagen, „ich will für euch wachen, und morgen sorgt dann jeder wieder für sich!“ Dieses Wort dankten ihm alle, denn sie konnten vor Müdigkeit kaum noch stehen. Sie warfen sich auf die Betten, und manche schliefen noch im Reisegewand ein, manche aber ließ die Ungewißheit nicht schlafen. Hagen legte den Harnisch an. „Wenn es Euch recht ist, Freund Hagen“, sprach Volker zu ihm, „leiste ich Euch bis zur Früh Gesellschaft!“ – „Das lohne Euch Gott im Himmel“, entgegnete Hagen froh.

Sie legten ihr Kampfgewand an und traten vor das Tor. Volker hatte seine Geige mitgenommen. Unter der Tür saß er auf dem Stein und spielte, des Bogens so mächtig wie des Schwertes; die Geigentöne durchrauschten den Saal gleich alten Sagen, und als er dann sanfter zu spielen anhob, schloß manch sorgender Mann die Augen, und die Heimatfernen schwebten in einem milden Traum.

Als alle schliefen, legte Volker die Geige zur Seite. Die Mitternacht war gekommen, und aus dem Dunkel begannen Helme zu blitzen. „Laßt sie näher heran“, flüsterte Hagen, und da wichen die Schatten zurück. „Ich will sie stellen“, rief Volker grimmig, „ich mag es nicht leiden, wenn man nachts um die Tür schleicht!“ – „Ich bitte Euch, laßt“, entgegnete Hagen, „sie locken Euch in einen Hinterhalt; ich müßte Euch beispringen, und das Haus stünde schutzlos!“ – „Was schleicht ihr durchs Dunkel wie Ratten“, schrie Volker, „kommt her, wenn ihr etwas wollt!“ – „Sie wollen den Schlaf morden“, sagte Hagen. Da blitzten die Helme nicht mehr, und das Dunkel war still. Kriemhild aber stand am Fenster und lauschte in die Sonnwendnacht, und da sie kein Klirren hörte, wurde sie traurig. Gleich Hagen schlief sie nicht mehr und saß und sann. Ich muß es anders beginnen, dachte sie.

Wie sie zur Kirche gingen

„Mir kuolent sô die ringe", sô sprach Volkêr
„jâ wæne diu naht uns welle nu niht wern mêr.
ich kuisez von dem lufte, ez ist viel schiere tac."
dô wahten si der manigen, der noch slâfénde lac.

„Es wird bald dämmern", sprach Volker, „mir wird das Eisen am Leib so kalt, und die Morgenluft dringt durch die Panzerringe!" Da gingen sie und weckten die Schläfer, und sie hatten Mühe mit ihnen, sie wach zu machen, denn sie waren alle sehr müde gewesen, und die Betten waren gut. Draußen läuteten Glocken. „Wir wollen zur Kirche gehen, wie wir es gewohnt sind", riet Hagen. Da mischte sich seltsames Beckengedröhn und Getrommel und dazu ein ganz helles Klingeln ins Glockenhallen. „Was ist das?" fragte Gunther erstaunt. „So rufen die Heiden zu ihren Gebeten", entgegnete Hagen. „Zu wem beten sie eigentlich?" fragte Giselher. „Sie glauben an einen Gott, der ganz aus Feuer besteht", berichtete Hagen, „dann beten sie auch ein Ei und ein Kind an!" – „Wie lächerlich!" entgegnete Gernot. Die Klänge vermischten sich zu einem seltsamen Brausen. Die Herren sprangen von ihrem Lager und packten ihr Festgewand aus, doch Hagen riet ihnen ab. „In diesem Land braucht es eine andere Tracht, gute Herren", so sprach er, „nehmt das Schwert in die Hand statt des Rosenkranzes, zieht Hemden aus Stahl an und tragt geschlossenen Kopfschmuck und wählt Mäntel aus, die man an die Wand lehnen kann! Heute müssen wir fechten, verlaßt euch drauf! Nützt die Zeit in der Kirche, euch Gott zu befehlen; erforscht euer Gewissen und seid reuig ob eurer Sünden, ich rate euch wohl. Wir sollten es gleich tun und nicht erst die Messe abwarten, vielleicht bleibt uns dann keine Zeit mehr dazu! Und was die hunnischen Herren betrifft, so wollen wir unerschrocken auftreten, das zügelt sie am sichersten! Greift sie nicht ohne Not an, doch duldet nicht den geringsten Anschlag. Und nun ans Werk! Sei der Himmel uns gnädig!"

Da wandten die Helden ihre Seelen zu Gott, und jeder

überdachte seine Sünden und erweckte Reue in sich, daß ihm alle Fehler verziehen seien beim Jüngsten Gericht. Dabei legten sie ihre Rüstungen an. Dann traten sie in Kampfreihn geordnet zum Burghof hinaus und schritten zum Münster. Hagen und Volker gingen als Vorhut. Da kamen von der anderen Seite des Hofes König Etzel und Königin Kriemhild, und ihnen folgte ein solch stattlicher Troß, daß der Staub bis zum Münsterturm wirbelte. Als Etzel seine Gäste in Waffen sah, fragte er erstaunt: „Was ist hier geschehen? Hat jemand meine lieben Gäste beleidigt? Bitte erforscht dies genau, daß ich's auf der Stelle kläre und Entschädigung leiste, wenn das gewünscht wird!“ Zwei Herolde eilten. „Es hat uns keiner gekränkt“, sagte ihnen Hagen, „es ist unsere Sitte, zur Sonnwende drei Tage lang in Waffen zu gehen! Wir würden, wollte jemand uns kränken, es eurem König schon berichten!“ – „Das ist seltsam“, sprach da der König zu Kriemhild, „Ihr habt mir nie etwas von solch einer Sitte gesagt, und ich habe auch anderswoher nie davon erfahren!“ Da dachte Kriemhild, daß sie Etzel nicht mißtrauisch machen dürfe, und sie sagte: „Ja, Herr, in Worms ist das so der Brauch!“ Der Morgen leuchtete, und sie sah ihre Brüder, und sie sah Giselher, und da dachte sie einen Augenblick lang, von ihrer Rache zu lassen, allein ihr Stolz trug den Sieg davon. Der König hätte alles noch ändern können, wären ihm ihre Pläne erkennbar geworden; so aber ahnte er nichts, und in seiner Gegenwart geschah auch nichts. Die Burgunder und die Christen des Hunnenhofs gingen zum Münster, und sie drängten hart aneinander durchs Tor in das Gotteshaus, da keiner dem anderen ausweichen wollte, doch außer Flüchen und Rippenstößen fiel weiter nichts vor, und auch nach der Messe gingen alle friedlich auseinander, sich zu den Kampfspielen im Burghof zu rüsten.

Die Königin saß mit ihren Frauen neben Etzel am Fenster des Thronsaals, dem Turnier zuzusehen. Dankwart und eine Schar Knechte führten die Rosse heran. „Laßt uns Buhurt reiten und im Verband fechten!“ rief der kühne Volker; „Kampfschar gegen Kampfschar, da beweisen sich Mut und Kunst am klarsten!“ Die Burgunder schwangen sich in die Sättel und warteten, daß sich die hunnischen Herrn ihnen stellten, allein die standen oder schlenderten im Burghof herum und saßen nicht auf. Die Rosse der Nibelungen tänzelten vor Kampflust. Da baten die Amelungen Herrn Dietrich, gegen die vom Rhein anzutreten, allein der Berner verbot es ihnen aufs strengste, und ein gleiches tat für seine Fünfhundert Markgraf Rüdiger. Sie sahen, wie gereizt die Burgunder waren, und fürchteten zu Recht um ihre Ritter. Da sprengten aber schon Irmfried und Hawart mit je tausend Thüringern und Dänen in den Hof und brausten zum Buhurt auseinander, und nun hob ein solch kunstreiches Stechen und Schlagen an, daß jedem Zuschauer das Herz jauchzte. Die Speerschäfte splitterten, und die Schildränder sprangen; die Wände des Saals und des Palas bebten im Wirbel der Hufe; die Lanzen verdunkelten im Flug die Sonne, und der helle Schweiß sprudelte den Pferden durch die Wappendecken und den Rittern durch die Spangen der Halsbeuge, doch beide Seiten hielten einander vom Morgen bis zum Mittag stand. Schließlich, als zur Tafel geblasen wurde, befahl der König, den Kampf unentschieden abzubrechen; die Herolde ritten in die Stechbahn, hier und dort schwangen sich schon die Helden aus dem Sattel, und die Knechte liefen herbei, sich um die Pferde zu kümmern, da stolzte ein hunnischer Junker, der wohl zu seiner Liebsten wollte und geckenhaft geputzt war, auf seinem Zelter über den Hof. Von seinem Helm wehten gelbe und violette und rosarote Bänder, seine Hüften waren geschnürt und seine Wangen geschminkt, und sein Tier trug Blüten im Mähnenhaar. Da sagte Volker zu Hagen: „Das ist so einer, der nächtlings auf Meucheljagd schleicht! Von all diesem Pack hat sich keiner zum Kampf gestellt, und nun spreizen sie sich vor ihren Weibern wie Pfaue! Weiß Gott, der Hahn soll jetzt Federn lassen!“ König Gunther versuchte, den Spielmann zu besänftigen. „Wir dürfen uns nicht die Blöße geben und anfangen“, sprach er, „wir machen es anderen leicht, uns die Schuld zuzuschieben!“ – „Das mag wohl sein, wie es ist“, erwiderte Volker, „allein es juckt mich, und da muß ich mich kratzen! Der Buhurt ist noch nicht beendet; der König und sein Weib sitzen ja noch am Fenster, und blasen kann jeder Musikant!“ Mit diesen Worten legte er den Speer ein und ritt auf den Gecken los und durchstieß ihn, und hinter Volker sprengte Hagen mit seiner Schar und besetzte ausschwärmend im Nu den Hof. Der Junker stürzte kreischend in sein Blut, und als seine Leute das sahen, schrien sie Rache und schwangen sich auf die Pferde. „Buhurt!“ schrie Hagen und spornte sein Pferd, da aber war Etzel schon in den Burghof geeilt, und dem einen seiner Herrn griff er in die Zügel, einem zweiten riß er das Schwert und einem dritten den Ger aus der Hand, und alle schalt er mit drohnender Stimme. „Zurück, zurück, ihr Herren, es war keine böse Absicht!“, so rief er, „Herrn Volkers Roß ist gestrauchelt, ich habe es genau gesehen! Zurück, zurück, ihr Herren, es war ein Unfall! Der Buhurt ist beendet! Zurück, zurück, der König gebietet! Wollt ihr nicht hören! Zurück, sage ich!“

Da murrten die Ritter, daß ihr König dem offenen Unrecht recht gab, und auch die Amelungen widersprachen laut. König Etzel geleitete seine Gäste zum Festmahl; Kriemhild aber wandte sich an Dietrich von Bern. „Ich bitte Euch um Schutz und Hilfe“, sprach sie, „ich bin in großer Bedrängnis! Hagen kränkt mich, Volker kränkt meine Mannen, bin ich da als Königin wirklich wehrlos?“ Dietrich schwieg. „Laßt doch diese Pläne fahren, vieledle Herrin“, erwiderte statt seiner der greise Hildebrand, „ein jeder muß sich einmal mit seinem Schicksal abfinden! Ihr denkt ja schon daran, des Hortes wegen Eure Brüder zu töten! Ich leihe dazu nicht mein Schwert!“ Und König Dietrich sagte: „Bittet uns nicht um Dienste, Königin, die wir Euch nicht erfüllen können! Eure Verwandten sind voll Vertrauen auf unsere Treue ins Land gekommen; sie sind Gäste meines Königs, daran halte ich mich. Zu einer ehrlosen Rache gebe ich mich nicht her!“

Da wandte sich Kriemhild an Bloedel, der noch im Hof stand, und ihm versprach sie eine berühmte und überaus reiche Mark.

„Ach, meine hohe Herrin“, erwiderte Bloedel,. „wie könnte ich es wagen, meines Bruders Zorn auf mich zu ziehen! Er ist Euren Leuten ja so gewogen! Er würde es mir nie verzeihn, wenn ich etwas gegen sie unternähme, und sein Zorn ist schrecklich!" – „Mein Fürst", erwiderte Kriemhild, „ist es nicht schändlich, wie schnöde Euer Bruder Euch behandelt, daß er derart an Euch mit Land und Leuten geizt? Ich finde es empörend ungerecht! Es liegt mir am Herzen, Euch als Gebieter eines würdigen Lehens zu wissen; ich will Euch dazu auch so viel Gold geben, daß tausend Maultiere es nicht wegschleppen können, und dazu auch die schönste Jungfrau, denn ich weiß wohl, wen Ihr schon lange begehrt! Ihr werdet mein Fürst sein und über viel Volk gebieten, und was das Mädchen betrifft, so habe ich wohl die Macht, sie gefügig zu machen!" Da dachte Bloedel an die Jungfrau, die er schon lange begehrte, und da wurde er blind vor Gierde und stimmte zu. „Geht nun in den Saal zum Festmahl, vieledle Herrin", sprach er zu Kriemhild, „ich liefere Euch den Streit, den Ihr begehrt, und ich werde Euch Hagen gefesselt vor Eure Füße legen! Er muß für seine Untaten büßen, sonst kann ich nicht mehr ruhig leben!" Da er dies gesprochen hatte, ging er zu seinen Kriegern und hieß sie sich wappnen. Es waren ihrer dreitausend. Kriemhild ging in den Festsaal, und sie führte den Knaben Ortlieb an ihrer Hand. Er solle, so dachte sie, sehen, wie der Kopf ihres Feindes falle. Und sie dachte auch, ohne daß sie es wußte: Wenn Bloedel keinen Streit vom Zaun brechen kann, wird der Knabe dazu am sichersten taugen. Als Etzel sein Söhnlein erblickte, sprach er stolz zu Gunther: „Seht da, liebster Bruder, hier kommt mein eigen Fleisch und Blut! Ist es nicht stattlich? Gedeiht es nicht prächtig? Es ist ja auch Euer Fleisch und Blut, lieber Schwager, und wenn er nach Eurer Sippe schlägt, wird er ein kühner Held, und ich gebe ihm zwölf Königreiche, doch bis dahin könnte er als Junker gut in Eurem Dienste stehen! Ich bitte Euch drum von Herzen: Nehmt den Prinzen als lebendiges Pfand meiner Zuneigung zu Euch mit an den Rhein! Ich gebe ihn voll Vertrauen in Eure Hände! Erzieht ihn zu einem ehrlichen Ritter nach Eurem Vorbild, und wenn er erwachsen ist, wird er Euch gegen jeglichen Feind zur Seite stehen!" Dies alles sagte der König, damit Kriemhild es höre; er ahnte wohl, daß sie etwas plante, und er ahnte auch, daß es Arges sein müsse, doch er ahnte nicht, wie arg es war.

König Gunther wollte sich bedanken, wie es die Sitte gebot, allein Hagen kam ihm zuvor und sagte: „Ich glaube nicht, daß der Knabe mit uns nach Worms ziehen wird; er ist von zuviel Tod umzingelt!"

Da verstummte Etzel voll Traurigkeit, und sein Herz war zerschnitten. Der Tafelrunde verschlug es den Atem, und auch die Könige von Burgund wurden blaß vor Zorn. Sie dachten, nichts Schlimmeres könne geschehen als solche Rede, und dabei wußte noch keiner, was zu dieser Stunde schon geschah.

Wie Dankwart Bloedel erschlug

Blœdelînes recken die wâren alle gar.
mit tûsent halsbergen huoben si sich dar
dâ Dancwart mit den knehten ob dem tische saz.
dâ huop sich under helden der aller grœzéste haz.

Zu dieser Stunde saß Dankwart mit den Knechten zu Tisch, da trat Bloedel gewappnet in den Saal. Dankwart empfing ihn ohne Arg und fragte freundlich nach seinen Wünschen. „Spare deine Worte", entgegnete Bloedel, „dein Bruder hat Siegfried erschlagen, das sollst du nun büßen und andre mit dir!" Da dachte Dankwart, Herr Bloedel habe zuviel Met getrunken und sei ob der Stecherei im Hofe erhitzt. Er wollte ihn beruhigen und zugleich die Klarheit seines Verstandes prüfen, darum sprach er: „Nicht doch, Herr Bloedel, bei mir seid Ihr an den Unrechten gekommen; ich war doch noch ein Säugling, da Siegfried erschlagen ward!" – „Das ist mir gleich, Unseliger", erwiderte Bloedel, „dein Bruder Hagen hat es getan, und auch Gunther ist dein Verwandter, drum steht dein Leben für sie zum Pfand!" – „Nur schade, daß ich mich vor Euch klein gemacht habe", sagte darauf Dankwart, „es war zu Eurem Nutzen gedacht. Wenn Ihr es aber nicht anders wollt, so soll es denn sein!" Damit sprang er auf und schlug

Bloedel mit einem Streich den Kopf ab. „Das bringt der als Morgengabe, die Euch gesandt hat!“ rief Dankwart. Nun drangen Bloedels Ritter in den Saal.

„Zum Kampf, Männer“, rief Dankwart, „erwartet keine Gnade und wehrt euch eurer Haut! Nehmt die Schemel als Schwerter und Schilde! Das taten die Knechte, und sie schlugen mit Bänken und Stühlen und Krügen fünfhundert Angreifer tot, und sie waren von deren Blut rot und naß. Das Blut schrie über den Hof, daß die Knechte Dankwarts ihre Gastgeber mordeten, und darauf stürmten zweitausend hunnische Ritter in den Saal und machten alle Knechte nieder, das waren neuntausend. Bis zu Etzel hatte das Blut nicht geschrien. Die Leichen türmten sich über den Tischen; Dankwart allein hielt noch stand, doch auch er drohte zu erliegen. Da schrie er in seiner Not: „Mein Bruder Hagen, wenn ich nur einen Boten hätte, daß du mir zu Hilfe eiltest!“ Da riefen die Hunnen: „Du selbst sollst Bote sein! Wir werden ihm deinen Leichnam vor die Füße werfen! Du hast unserm König schon viel zuviel Schlechtes getan!“ Da überkam Dankwart der Mut der Verzweiflung, und er schlug sich durch seine Feinde und schlug sich durch den Hof und schlug sich die Treppe hinauf und schlug sich noch durch die Speiseträger, die vor der Tür standen. So kam er bis vor den Festsaal. Das war ein Wunder, doch solche Wunder geschehen, wenn Recken gegen Recken kämpfen! Glaubt es getrost!

Wie die Burgunder mit den Hunnen kämpften

Álso der küene Dancwart   únder di tür getrat,
daz Etzeln gesinde   er hôher wîchen bat.
mit bluote was berunnen   allez sîn gewant;
ein vil starkez wâfèn   daz truog er blôz an sîner hant.

Da Dankwart naß von Blut und keuchend und mit dem triefenden Schwert in der Hand unter der Tür erschien, rief Hagen: „Bruder, wer hat das getan?“ – „Bloedel“, brüllte Dankwart, „Bloedel mit seinen Hunnen!“ Sein Brüllen drang bis in den letzten Winkel des Saals und begrub alle

Gespräche: „Ich klage Euch meine Not, Bruder“, schrie Dankwart, „die treuen Knechte liegen erschlagen, und Bloedel und zweitausend Hunnen auch!“ – „So hüte die Tür“, rief Hagen, „daß uns keiner unsrer Wirte entwische, ich werde ihren König zur Rede stellen!“ Dankwart stand breit in der Tür. Hagen erhob sich. „Ich staune über die Bestürzung im Saal hier“, so sprach er, „*ich* weiß längst, daß Kriemhild ihr Leid nicht vergessen will! Trinken wir also zum Gedächtnis der Toten und opfern wir ihnen des Königs Wein. Der junge Vogt wird den Anfang machen!“

Er zog das Schwert und köpfte das Kind, und der Kopf sprang in Kriemhilds Schoß. Dann köpfte Hagen den Hofmeister des Prinzen. Dann sah er Herrn Wärbel an Etzels Tisch stehen, und da überkam ihn rasender Zorn, und er schlug dem Spielmann die Hand samt dem Geigensteg ab. „Meine Hand, Herr Hagen!“ schrie Wärbel, „was habt Ihr getan! Wie soll ich in Zukunft noch spielen, Herr Hagen! Ich war doch immer aufrichtig zu Euch!“ Allein Hagen hörte das nicht mehr, und er zählte auch jetzt nicht mehr, wieviel er erschlug, und ihm zur Seite stand Volker und sein Bogen war das Schwert, und seine Geige lebendiges Fleisch. Die drei Könige wollten noch Frieden stiften, doch als die hunnischen Recken plötzlich im Harnisch standen und Schwerter in ihren Händen blitzten, warfen auch sie sich in den Kampf, und dann schwankte der Palas im tausenfachen Krachen des Stahls. Die Ritter, die draußen im Hof weilten, stürmten über die Treppe ihren Freunden zu Hilfe, und sie hätten Dankwart gewiß überwältigt, wäre nicht Volker zu ihm gedrungen und hätte sich Rücken an Rücken zu ihm gestellt. Volker schlug nach außen, Dankwart nach innen, und als Hagen dies sah, warf er den Schild auf den Rücken und wütete ungedeckt unter seinen Feinden, und alle Burgunder taten es ihm gleich. Sie waren tausend; die Hunnen fünftausend und dazu die Ritter der anderen zwölf Könige, das waren noch einmal siebentausend, jedoch von denen kämpfte keiner gegen Gunthers Leute, und Gunther kämpfte nicht gegen sie.

Dietrich von Bern war auf eine Bank gestiegen, um zu spähen, ob noch eine Wende zum Frieden möglich sei, da warf sich Kriemhild ihm vor die Füße und umschlang seine Knie. „Rettet mich, edler Ritter", schrie sie, „Hagen will mich umbringen! Schafft mich aus diesem Saal, ich flehe Euch an!" Auch Etzel saß in Todesangst. Er war kein Mann des Schwerts. „Wie sollte ich Euch wohl helfen können, Herrin?" entgegnete Dietrich, „die Burgunder sind toll vor Zorn, ich kann nichts tun! Ich bange um mein eigenes Volk!" – „Helft mir, Herr Dietrich, helft mir, helft mir, helft mir, helft mir!" wimmerte die Königin und klammerte sich an sein Gewand und hing sich an ihn und wimmerte fort. Da brüllte Dietrich, sie möchten einhalten, und seine Stimme dröhnte wie ein Wisenthorn, und sie überdröhnte sechstausend Schwerter. Da fürchtete König Gunther, Herrn Dietrich wäre von einem Burgunder im Eifer ein Unrecht geschehen, und da schrie er, einzuhalten, und mit ihm schrien Gernot und Giselher und dann auch Hagen. Da erstarrte der Kampf.

„Gebt mir und den Meinen den Weg frei, Gunther", rief König Dietrich, „nie habe ich Euch etwas zuleide getan!" Da schrie Wolfhart: „Was bittet Ihr, Herr? Haben wir nicht Waffen?" – „Bist du des Teufels?" brüllte Dietrich, da sagte Gunther: „Ihr mögt mit Euren Leuten gern abziehen, Dietrich, und Ihr mögt auch aus dem Saal führen, wen Ihr sonst noch wollt, nur unsere Feinde müssen bleiben!" Nun erwirkten auch die anderen Könige für sich und ihre Krieger freien Abzug, und Dietrich legte seinen Arm um Kriemhild und Etzel und führte sie aus dem Saal, und ihm folgten seine sechshundert Amelungen und ihnen die anderen Herren und Völker, darunter auch Markgraf Rüdiger und die Leute von Pöchlarn. Ein hunnischer Ritter wollte mit Rüdigers Schar durch die Tür schlüpfen, allein Volker erspähte ihn und streckte ihn mit einem Lanzenstoß nieder. Sein Kopf fiel vor Etzels Füße. Da wandte sich der Beherrscher der Welt schaudernd ab und rief: „Weh mir ob solcher Gäste und solcher Not! Soll ich alle meine Recken erschlagen sehen? Weh solchem Fest!" Seine letzten Worte jedoch verloren sich schon wieder im Getöse, und dann erschlugen die Burgunden alle Hunnen im Saal, so tapfer die sich auch wehrten. Dann legten sie die Schwerter aus der Hand.

Wie sie die Toten aus dem Saal warfen

Die herren nâch ir müede sâzen dô zetal.
Volkêr unde Hagene giengen für den sal.
sich leinten über schilde die übermüeten man.
dô wart dâ rede vil spæhe von iu bédén getân.

Die erschöpften Burgunder setzten sich auf die Bänke. Volker und Hagen traten vor das Haus. Der Hof war leer. Da hatten die beiden plötzlich den Drang, große Dinge zu sagen. Sie standen im Hof und redeten in den Wind und überboten einander mit gewaltigen Worten. Die Recken im Saal aber waren müde und begannen zu schlafen.

Da rief Giselher: „Steht auf! Schafft erst die Toten aus dem Saal, ehe ihr ausruht! Bald stürmen die Hunnen wieder, dann brauchen wir Platz.“ – „Das ist ein guter Rat!“ sagte Hagen zu Volker, „der junge Herr hat das Zeug zu einem tüchtigen König! Burgund wird blühn unter seinem Zepter!“

Die Burgunder standen auf und warfen die Hunnen aus dem Saal. Es waren ihrer sechstausend, und nicht alle waren tot, allein die Burgunder warfen auch die hinaus, die noch lebten, das waren Verwundete und auch solche, die sich tot gestellt hatten, um dem Gemetzel zu entgehen. Die stürzten sich nun auf den Steinen in den wirklichen Tod.

Der Hof um den Königspalas lag mit Leichen überhäuft. Die Hunnen standen in den Torbögen und jammerten laut und streuten sich Sand auf den Kopf und rauften die Haare und zerrissen ihre Gewänder über der Brust. Da sagte Volker: „Sie flennen wie Weiber, statt ihre Toten zu bergen!“ Ein hunnischer Markgraf hörte das und trat in den freien Hof und lud sich einen Leichnam, es war der seines Neffen, auf die Schulter, da erschoß ihn der kühne Spielmann mit einem Pfeil. Die Hunnen schrien vor Wut, doch Hagen rief: „Ihr könnt nichts als schreien! Nicht einmal euer König wagt zu kämpfen!“ Da dachte Etzel, daß er Hagen dies freche Wort niemals vergessen werde, und er ließ sich sein Kampfgewand bringen, doch Kriemhild sprach: „Seid Ihr toll, Herr? Wie lange seid Ihr nicht mehr im Kampf gestanden! Befehlt lieber, Schilde voll Gold heranzuschaffen, die Helden zu einem neuen Gang anzufeuern!“ Doch Etzel schüttelte den Kopf und legte den Harnisch an und faßte nach dem Schild, da zog ihn Kriemhild am Schildriemen in den Palas zurück. Darüber spottete Hagen sehr.

Er schrie: „Wofür wolltest du eigentlich kämpfen, König Etzel? Ich wußte ja gar nicht, daß du Siegfrieds Sippe entstammest! Kriemhild war Siegfrieds Bettschatz gewesen, bevor sie zu dir kroch! Die mag einen Grund zur Rache haben. Doch weswegen stellst du, feiger König, mir eigentlich nach?“

Da dachte Etzel, daß er den Burgundern dies freche Wort niemals vergessen werde. Er dachte: Sie haben meinen einzigen Sohn erschlagen. Sie sind als meine Gäste ins Land gekommen, und sie haben meinen einzigen Sohn erschlagen! Das werde ich ihnen niemals verzeihen!

Kriemhild schrie: „Wer mir Hagen von Tronje erschlüge und seinen Kopf hier vor mir in den Staub würfe, wahrhaftig, dem füllte ich Etzels Schild bis zum Rande mit rotem Gold und gäbe ihm die Hälfte meiner Lande und Burgen!“

„Nun werden sie ja wohl kommen“, höhnte Volker. „Für solch einen Preis sollten sie sich eigentlich mutiger zeigen! Im Frieden haben sie ihres Königs Brot gegessen, und nun, da es ernst wird, lassen sie ihn im Stich! Ewige Schande über sie alle! Wahrhaftig, wir hätten einen anderen Gegner verdient!“

Wie Iring erschlagen wurde

Dô rief von Tenemarke der marcgrâve Irinc:
„ich hân ûf êre lâzen nu lange mîniu dinc
und hân in volkes stürmen des besten vil getân.
nu brinc mir mîn gewæfen: jâ wil ich Hagenen bestân.“

Da rief Markgraf Iring, der Lothringer: „Bringt mir meine Waffen! Ich will allein mit Hagen kämpfen! Der Sinn meines Lebens ist immer der Ruhm gewesen, ich will ihm auch jetzt treu bleiben!“ – „Ich rat es Euch ab“, sprach Hagen, „doch ich bin bereit. Nur sorgt, daß kein Hunne mit Euch in den Saal kommt!“ – „Das soll mich nicht hindern“, rief Iring, „kämpfen wir lieber, anstatt noch lange herumzureden!“

Er kam gewaffnet über den Hof, doch Irmfried von Thüringen und Hawart von Dänemark und tausend ihrer Krieger wollten dem kühnen Lothringer helfen und folgten ihm. Da spottete Volker, was für eine seltsame Art von Zweikampf das sei, und er hieß Iring einen elenden Lügner. Der Markgraf flehte die Krieger und Könige an, sein ehrliches Wort nicht zu schänden und ihn allein gegen Hagen kämpfen zu lassen. „Das ist Euer sicherer Tod, Herr Iring“, sagte der Thüringer. „Sei's drum“, erwiderte Iring, „jetzt kann ich nicht mehr zurück!“

Da traten die Helden allein gegeneinander an.

Nachdem sie ihre Speere geschleudert hatten, packten sie ihre Schwerter und schlugen lange Zeit aufeinander ein. Plötzlich aber ließ Iring von Hagen und sprang Volker an, und als der den unerwarteten Schlag mit dem Schild abfing, überfiel Iring Gunther, und als er auch Gunther nicht treffen konnte und gleich danach Gernot auch nicht, berannte er, einen um den andern, vier rheinische Ritter und focht sie in kürzester Frist zu Tod. Da rief, denn es waren seine Leute, der junge Giselher zornig: „Das bezahlt Ihr mir!“ Er warf sich über Iring und schlug ihn mit dem Schwert zu Boden, jedoch der Lothringer war unverwundet und blieb ein paar Atemzüge lang liegen, um Kraft zu schöpfen, dann sprang er mit einem Satz vom Rücken auf beide Füße und schnellte wie ein Pfeil gegen Hagen, der unter dem Tor stand, und stieß ihm im Sprung das Schwert durch den Helmhut und zerschlitzte ihn von der Schläfe zum Kinn. Das Schwert, das solches vollbrachte, hieß Waske. Als Hagen sein Blut fließen fühlte, schlug er in ziellosem Rasen auf Iring ein, und da entrann ihm der wendige Gegner über die Treppe durch den Hof in die Burg.

„O du ruhmgekrönter Recke, du Gottes Schild und Schwert“, rief Kriemhild ihm zu, „wie hast du mein Herz erfreut, da ich Hagen verwundet sehe!“ Sie nahm Iring mit eigenen Händen den Schild und den Helm ab und küßte ihn. Iring stellte sich in den Windzug und öffnete seinen Panzer, um sich abzukühlen. Da rief Hagen ihm zu: „Wollt Ihr Euch wirklich dieser Schramme so rühmen, die Ihr mir zugefügt habt, Iring? Sie macht mich nur noch wütender, Euch zu treffen! Kommt wieder herauf, wenn Ihr's wagt, dann will ich Euch einen kühnen Recken nennen!“

Da bat Iring seine Freunde, ihm ein neues Kampfgewand und einen neuen Schild und einen neuen Speer zu bringen, und er trat trotz ihrer mahnenden Bitten ein zweites Mal gegen Hagen an. Feuriger Wind lohte, da die Schwerter sie nun zerfetzten, um die dröhnenden Schilde, und Funken prasselten über der Helden heißes Gesicht. Hagen war furchtbar ergrimmt; er zerschnitt mit vielen schnellen Schlägen dem tapferen Lothringer Schild und Brünne und brachte ihm viele Wunden bei, und als Iring die Schildstellung wechselte, packte Hagen einen Speer vor seinen Füßen und warf ihn dem Gegner durch den Helm. Iring floh; der Schaft ragte wippend aus seinem Schädel; die herbeieilenden Freunde fingen den Taumelnden auf und betteten ihn auf eine Bank im Palas und rissen ihm übereifrig, ehe sie den Helm noch abgebunden hatten, den Speer aus der Wunde. Da hatte Iring nur noch wenige Augenblicke zu leben, und als Kriemhild sich weinend über ihn warf, sprach er zu ihr: „Klagt nicht, herrliche Frau; was ich für Euch tun konnte, das habe ich treulich getan! Nun ist von mir kein Dienst mehr zu erwarten! Wie schade, daß ich Euch verlassen muß!“ Und zu seinen Leuten sagte Iring: „Ihr werdet nichts von Kriemhilds Schätzen erwerben! Laßt euch nicht verführen, um rotes Gold in den sicheren Tod zu gehen! Hagen ist furchtbar. Seid klüger als ich!“

Als Iring dies gesprochen hatte, starb er. Da stürmten seine Ritter und König Irmfried und König Hawart und deren Ritter gegen die Burg. Die Könige rannten alle voran, und Irmfried stürzte sich auf Volker, und Hawart auf Hagen, und Volker erschlug den Irmfried, und Hagen den Hawart. „Macht das Tor auf!“ rief Volker, „laßt sie alle herein!“ Da stürmten die Recken in den Saal, das waren ihrer tausendundvier, und sie wurden alle erschlagen, und ihr Blut strömte aus den Abflußrohren des Palas in den Rinnstein wie Regen nach einem Wolkenbruch. Da klagten König Etzel und sein Weib, und die Frauen und Bräute der Gefallenen rangen die Hände vor Schmerz, und der Tod sah ihnen zu und spreizte sich. Das Gold in Etzels Schild aber lag auf dem Hof und glänzte zwischen den langsam erkaltenden Hügeln.

Wie die Königin den Saal niederbrennen ließ

„Nu bindet ab die helme", sprach Hagen der degen.
„ich und mîn geselle wir suln iuwer pflegen.
und wellent iz noch versuochen zuo z'uns die Etzeln man,
sô warne ich mîne herren so ich áller schíeréste kan."

„Nun bindet die Helme ab und ruht", sprach Hagen, „Volker und ich werden Wache stehen und euch rechtzeitig warnen, falls die Hunnen noch einmal angreifen!" Da legten die Burgunder die Waffen aus der Hand und setzten sich auf die Erschlagenen. An diesem Tag boten Etzel und Kriemhild noch zwanzigtausend Hunnen zum Angriff auf, und die Burgunder verteidigten das Tor bis zur Nacht. Dann zogen sich die Hunnen zurück.

Die Burgunder waren völlig erschöpft und bereit zum Verhandeln. Sie meinten, ein schneller Tod sei besser als dies maßlose Leiden. Sie waren gewillt, um Frieden zu bitten.

Die drei Könige traten unter das Tor und verlangten nach Etzel. Ihr Harnisch war schwarz und rot von Blut, und ihr Haar war weiß geworden an diesem Tag, auch das Haar des jungen Giselher. Etzel kam mit Kriemhild. „Was wollt ihr?" rief Etzel, „hofft ihr auf Frieden? Dafür ist es zu spät! Ihr habt meinen Sohn erschlagen! Das werde ich euch nimmer verzeihn!"

„Dazu hat uns die Not gezwungen", entgegnete Gunther. „Wir sind voll Vertrauen zu dir gereist. Wir haben euch nichts Böses getan. Eure Leute haben meine Knechte erschlagen!“ Und der junge Giselher sprach: „Womit habe ich euch erzürnt, ihr Ritter Etzels, die ihr noch lebt? Ich bin als Freund gekommen, arglos und voll guten Sinns!“ Da antworteten sie: „Deine Güte hat die Burg mit Leichen gefüllt! Wäret ihr doch in Worms geblieben! Du und deine Brüder, ihr habt unser Land entvölkert!“ Da bat König Gunther, daß sie sich verglichen. Da sagte Etzel: „Wie könnten wir vergleichen, was nicht zu vergleichen ist. Dein Leid und mein Leid, das sind zwei verschiedene Dinge! Ihr habt meinen Sohn erschlagen! Von euch sieht keiner die Heimat mehr wieder!“

Da sagte Gernot: „So tut uns nur eine Barmherzigkeit, König Etzel! Wir haben den Tag lang gefochten und sind erschöpft. Der Saal ist stickig von Blutdunst. Laßt uns hinaus in den Hof. Im Saal kann man nicht mehr atmen. Wir wollen im Freien zu Ende kämpfen. Wir sind müde, und euer sind noch Tausende. Macht also rasch ein Ende. Darum bitten wir.“

Diese Bitte schien Etzel und seinen Rittern billig, und der König neigte auch schon den Kopf, sie zu gewähren, allein Kriemhild rief rasch: „O nein, mein Gemahl, mein lieber, getreuer, o nein, ihr tapferen Herren, hört nicht darauf! Die Mörder würden euch alle umbringen, wenn ihr sie an die frische Luft ließet und sie sich abkühlen könnten! Gewährt ihnen nichts und traut niemand von ihnen!“ – „O du meine schöne Schwester“, erwiderte Giselher, „das hatte ich nicht erwartet, als ich deiner Einladung folgte! Ich war dir immer treu und habe dir nie ein Leid angetan! Darum will ich dich um Gnade bitten! Rette uns! Ich bitte dich drum!“ – „Ich kenne keine Gnade, Bruder“, erwiderte Kriemhild, „ihr habt mir ja auch keine Gnade gewährt! Nun müßt ihr Hagens Missetat büßen!“ Dann aber sprach sie:

„Liefert mir Hagen aus, und ich will’s bedenken, ob ich euch vielleicht schonen könnte; wir sind ja einer Mutter Kind! Gebt Hagen heraus, das ist meine Bedingung!“ – „Das verhüte Gott“, sprach Gernot, „daß wir ehrlos werden!“ Und Giselher sagte: „Wir müssen alle einmal sterben! Hier verrät keiner den Freund!“ Da schrie Kriemhild: „Genug geredet! Zündet den Saal an! Laßt niemand ins

Freie!“ Da trieben die Hunnen mit Speeren und Pfeilen die Könige in den Saal zurück und steckten das Haus an. Das brannte im Nu, und die Helden schrien wild aus dem Feuer. Da lachte Kriemhild.

Die Flammen sausten im Wind. Da sprach ein Ritter: „Ich sterbe vor Durst!“ – „So trinkt!“ sagte Hagen. Da sah der Ritter das rinnende Blut, und er trank. So kamen sie über den Dursttod. Da wollte einem vor dem anderen grauen mit ihren blutigen Mäulern, doch da regnete das Feuer auf sie, und die verglühenden Balken begannen zu stürzen. „Stellt euch an die Wand“, rief Hagen, „und haltet die Schilde über den Kopf! Achtet, daß die Riemen nicht brennen!“ Die glühenden Trümmer zischten im Blut. Den Helden drohte, im Rauch zu ersticken, da stürzte die Decke ein; Schutt prasselte auf die Panzer, doch nun kam die Frische der Nacht in den Saal, und über den Helmen leuchteten Sterne durch das fallende Feuer. Langsam graute der Morgen in den schwelenden Brandschein. Da sagte Giselher: „Nun werden wir wieder kämpfen müssen!“

Die Hunnen wähnten die Feinde verbrannt, allein als der Tag heller wurde, sahen sie noch sechshundert Burgunder aufrecht im Saal stehen, und Hagen und Volker standen wieder unter dem Tor. Kriemhild heulte vor Wut. Sie hieß Schilde um Schilde voll roten Golds in den Hof schleppen und legte selbst Hand an und schleppte keuchend wie eine Magd das Gold in den Hof und versprach ihren ganzen Reichtum dem einen, der Hagen erschlage. Das Gold übertürmte die Toten, und zwischen den goldenen Bergen wanden sich Gassen, und die rannte Kriemhild hinauf und hinab und schrie, und ihre Lippen waren vom Schreien blutig wie die der burgundischen Ritter vom Trinken. Sie brachte ein neues Heer von zwölfhundert Mann auf die Beine, das schleuderte seine Speere in den verkohlten Saal, dann versuchte es wieder die Treppe zu stürmen. Es kämpfte den Morgen lang um das Tor, doch es wurden alle erschlagen, die stürmten, und danach übertürmten die Toten das Gold.

Wie Rüdiger erschlagen wurde

Ez héten die éllénden wider mórgen guot getân.
wíne der Gótelinde kom ze hove gegân.
dô sach er beidenthalben diu grœzlîchen sêr;
daz weinte innecliîche der vil getriuwe Rüedegêr.

An diesem Morgen ging Rüdiger zu Hof, und als er das Leid beider Seiten sah, mußte er weinen. Er suchte Herrn Dietrich von Bern auf, um zu erkunden, ob noch eine Schicksalswende zu erwirken sei.

„Müssen wir das Widersinnige ansehen, ohne etwas zu tun?" sprach er zu Dietrich, „laßt uns beide dem König zu Füßen fallen und ihn um Gnade für unsere Freunde anflehen!" – „Dazu ist es zu spät", erwiderte Dietrich. „König Etzel läßt sich auf nichts mehr ein; Hagen hat ihn zu schimpflich gekränkt. Wir können nur versuchen, uns herauszuhalten; das tue ich, und ich rate auch Euch, dies zu tun!" Da ging Rüdiger allein in die Burg.

Da er auf den König wartete und sein Angesicht von Tränen naß war, erblickte ihn ein hunnischer Ritter. „Seht doch diesen Helden", so sprach der zu Kriemhild, „wie er dasteht und flennt! König Etzel hat ihn mit Gnaden überschüttet, er hat ihm Burgen und Lande und Lehen ohne Zahl geschenkt, doch gelohnt hat ihm dies der Edle noch mit keinem Schwertstreich, und man nennt ihn doch die Zierde der Ritterschaft! Ich danke für so eine Zierde! Es scheint ihn ganz kalt zu lassen, was uns hier geschieht, wenn er nur weiter das Fett abschöpft! Man redet auch Wunderdinge von seiner Kühnheit, doch was er uns davon zeigt, ist wahrhaftig schmählich!"

Rüdiger hörte diese Rede, und ein rasender Zorn überwältigte ihn. Er trat auf den Hunnen zu und schlug ihm so heftig mit der Faust ins Gesicht, daß der Schmäher tot hinfiel, und dabei rief der Markgraf, er verbitte sich den Vorwurf der Feigheit, denn er läge schon längst mit den Feinden des Königs im Kampf, hätte er sie nicht ins Land geführt und ihnen Schutzgeleit gegeben. Da kam Etzel. Er sah den toten Ritter und sagte: „Markgraf, womit haben wir verdient, daß Ihr das Leid Eures Königs noch mehrt?“ Und Kriemhild sprach: „Haben wir nicht schon Tote genug zu beklagen? Man nennt Euch den redlichen Rüdiger – nun, redlicher Mann, habt Ihr Eure Eide vergessen? Den Eid, mit dem Ihr dem König Vasallentreue geschworen wie den Eid, den Ihr mir in Worms in die Hand geleistet? Ihr habt mir gelobt, jede Kränkung zu rächen. Was gelten Euch diese Schwüre noch, Redlicher?“

Da wurde Rüdiger blaß, und er sprach zu Etzel: „So löst mich, König, aus meinen Pflichten! Nehmt alles zurück, was Ihr mir gegeben, die Burg und die Geschenke und das Gold und das Lehen, nehmt meinen ganzen Besitz und laßt mich mit meinem Weib wieder zu Fuß in die Fremde ziehen!“ – „Was hülfe mir das?“ sprach Etzel, „wenn ich nun auch dich noch verlöre? Du hast deine Eide nicht für genehme Zeiten geschworen! Dein König und deine Königin sind in Not, und sie rufen nach dir!“ Er kniete vor Rüdiger nieder, und auch die Königin kniete vor Rüdiger. „Wie könnte ich Euch helfen“, sprach Rüdiger, „ich habe doch die Unseligen als Gäste bei mir aufgenommen, ich habe sie bewirtet und beherbergt, ich habe Treuegeschenke mit ihnen getauscht und Giselher mein einziges Kind vermählt – wie könnte ich da gegen sie das Schwert erheben!“ – „Ihr habt geschworen“, sprach Kriemhild, „ich kann Euch nicht lösen!“ Da schrie Rüdiger in der Not seiner Seele« „O du mein Gott, nimm mich von dieser Welt! Was immer ich jetzt auch tue, es macht mich ehrlos! Ich habe nur noch die Wahl zwischen Schande und Schande! O du mein Gott, erlöse mich doch von dieser Qual!“ – „Deine Königin kniet vor dir!“ sprach Etzel.

Da schlug Rüdiger die Hände vor die Augen. „So muß ich armer Heimatloser heute für alle Gnaden und Gaben zahlen“, sprach er, „das wendet nun keiner mehr von mir ab. Ach, zahlte ich nur mit dem Leben, so aber zahle ich mit der Ehre!“ Seine Lippen waren weiß. „Ich empfehle Euch, Herrin, mein Weib und mein Kind, und Euch, Herr, meine Mannen voll Vertrauen auf Eure Großmut!“ sprach Rüdiger. „O Gott, wie ist das alles so schwer!“

„Gott wird es Euch lohnen, bester Markgraf“, erwiderte

Etzel, „er wird Euch im Kampf behüten und schützen, und Ihr kehrt gesund wieder zu Euren Lieben zurück. Dann werdet Ihr auch in Wahrheit erfahren, wie König Etzel zu danken vermag! Ich will Euch Lande und Burgen und Ritter geben, so viel Ihr nur wollt, und Ihr sollt ein König gleich mir sein und gleich mächtig wie ich!" – „Weh mir", sprach Rüdiger, „was tue ich da! Gott sei meiner verlorenen Seele gnädig!" Da weinte er wieder, und auch Kriemhild weinte. Dann schickte der Markgraf Boten zu seinen Rittern, sich eilends zu waffnen und zur Burg zu ziehen.

Als Volker den Markgraf mit fünfhundert funkelnden Schilden zur Burg ziehen sah, erblaßte er. Der junge Giselher aber rief erfreut: „Seht, nun kommt Hilfe in dringendster Not! Gewiß bringt mein Schwager einen Vorschlag zur Schlichtung! Ich werde das Dietlind tausendmal danken!" – „Sind das nicht seltsam viel Schwerter für eine Schlichtung?" entgegnete Volker. Und er dachte: Auch der Markgraf will die günstige Stunde nützen und an uns Burgen und Lande verdienen! Da hielt Rüdiger schon vor dem Tor.

„Setzt euch zur Wehr", vieledle Ritter vom Rhein", rief Rüdiger, „ich war gekommen, euch Hilfe zu bringen, und bringe euch nun den Tod! Wir sind Freunde gewesen, nun müssen wir Feinde sein!" – „Verhüte das Gott, Rüdiger", sprach Gunther, „daß Ihr Eure Eide so gänzlich vergessen könnt! Wir sind einander in Liebe und Treue verbunden! Ich kann mir nicht denken, daß Ihr ehrlos geworden seid!"

Da brüllte Rüdiger: „Bei Gott, ich kann es nicht ändern!" Da hörte man nur den Wind und das leise Rascheln der Toten. „Bei Gott, ich kann es nicht ändern, Schwager!" schrie Rüdiger und schlug die gepanzerten Hände übers gepanzerte Gesicht. „Bei Gott, ich kann es nicht ändern!" stöhnte er.

Die Toten schwiegen.

„Ich kann es nicht ändern", sprach Rüdiger, während seinen Rittern die Tränen aus den Augen rannen, „Kriemhild hat es mir nicht erlassen! Wir müssen gegeneinander kämpfen. Ich stehe in Etzels Dienst!" – „Das kann nicht sein, Rüdiger", sprach König Gunther, „kein Wirt hat uns liebevoller aufgenommen, keiner uns mehr Treue und Heil erwiesen als Ihr! Niemand kann uns entzweien, wenn wir es nicht wollen!" – „Ich habe ihr geschworen", schrie Rüdiger.

„Kehrt um!" schrie Gunther. „Soll denn dies Weib alle Freundschaft verhöhnen?"

„Ich habe ihr geschworen", schrie Rüdiger.

„Seht, Schwager", sprach Gernot, „ich halte hier ein Schwert in der Hand, das ist Euer Geschenk. Es ist ein gutes Schwert, und ich habe es in Ehren geführt. Soll es nun Euch selbst treffen und Gotelind trauern machen?"

„O wäre es doch schon geschehen", sprach Rüdiger, „wäre doch schon alles vorbei und wir lägen hier stumm unter den stummen Toten und litten nicht mehr diesen Schmerz! Es ist Sünde, was ich da sage, doch ich kann nicht anders! Ja, ich wünschte, daß mein Schwert mich erschlüge und daß ihr lebtet und euch meines Weibes und meines Kindes annehmen könntet! Dies soll mein letztes Wort sein, Schwager!"

Da sagte Giselher: „So wollt Ihr Eure eigene Tochter zur Witwe machen, mein Vater? Das kann nicht sein. Es gibt keine Macht, die Euch dies befehlen kann! Bedenkt, ich habe Euch vertraut wie noch nie einem Fremden!"

Da sagte Rüdiger: „Freunde, verzeiht mir Unseligem. Ich kann nicht anders! Laßt es mein Weib und mein Kind nicht entgelten!" Da schrie Giselher: „So zerreiße ich denn alle Bande zwischen mir und Euch! So zerreiße ich alle Bande mit Dietlind! So spricht kein Vater! Ihr seid der Teufel!" Da brüllte Rüdiger: „Genug! Befehlt Gott Eure Seelen!" Er hob seinen Schild vor das Gesicht, und seine Krieger faßten die Lanzen zum Wurf. „O nicht so schnell!" rief da Hagen, „habt Ihr schon überlegt, was unser Tod Eurem König eigentlich nützt? Ein treuer Vasall müßte das bedenken!" Rüdiger schwieg. „Noch eins, Rüdiger", sprach Hagen, „ich hatte einst einen Schild aus Euren Händen empfangen. Es war ein guter Schild, mit seeblauer Seide bespannt und reich mit Rubinen und Smaragden besetzt, doch nun liegt er längst zerhaun irgendwo in der Asche. Ich bin ungerüstet, redlicher Rüdiger. Willst du so mit mir kämpfen?"

„Wie könnte ich es wagen, Euch einen Schild zu geben, da Kriemhild zusieht", entgegnete Rüdiger. „Da, nehmt meinen Schild! Möge er Euch schützen! Möget ihr alle nach Worms zurückkehren!“ Und er reichte Hagen den eigenen Schild.

„Gott lohne es dir in der Ewigkeit, Rüdiger“, sprach Hagen, „es ist ein edles Geschenk, und ich weiß es zu schätzen. Zum Dank dafür will ich nicht gegen dich kämpfen. Siehe, ich gelobe es dir mit der Schwurhand: Mag auch mein König fallen, mögen auch meine Freunde fallen, mögen auch alle Burgunder erschlagen hier niedersinken, ich werde nicht gegen dich kämpfen, redlicher Rüdiger! Ich werde nicht gegen dich kämpfen, weil ich es nicht will und weil ich's dir schwöre!“ Da trat Volker neben Hagen und sprach: „Wenn Hagen dies schwört, will auch ich es schwören! Auch ich werde nicht gegen dich kämpfen, redlicher Rüdiger! Dein Leben soll mir heilig sein. Ich bin dein Gast gewesen, wir haben einander vertraut, und nichts soll mich zwingen, dir die Treue zu brechen!“ Da traten Rüdiger die Tränen in die Augen, und er sprach: „Das ist sehr edel von euch“, doch er sprach es so leise, daß nur er es hörte. Dann brüllte er wie ein Tier und packte den Schild, den ihm sein Knecht vor die Füße gelegt hatte, und hob ihn vors Gesicht und rannte, seine Lanze werfend, gegen die Treppe, und ihm folgten seine fünfhundert Mann. Da senkten Hagen und Volker ihre Schwerter, und auch Giselher trat zur Seite und rührte sich nicht. Rüdiger stürmte an ihnen vorbei, und als seine Ritter eindrangen, begann das Gemetzel. Es währte nur kurze Zeit wie manche Gewitter zur Sommersonnenwende und war furchtbar wie diese. Dann lagen Rubine und Smaragde im Blut und zerhauenes Eisen, und Gernot erschlug Rüdiger mit dem Schwert, das ein Geschenk seines Schwagers war, und im Sterben erschlug Rüdiger Gernot, und Rüdigers Krieger erschlugen viele hundert Burgunder, und die Burgunder erschlugen alle Krieger Rüdigers. Dann war Stille im Saal.

König Etzel hörte die Stille und wurde zornig. „Warum kämpft Rüdiger nicht?“ fragte er. „Er ist doch gerade erst in den Saal eingedrungen!“ Da sagte Kriemhild: „Schmach über den Ehrlosen! Er hat uns verraten! Er will, daß die Feinde uns heimlich entkommen, und handelt den Abzug mit ihnen aus! Sie haben ihn mit dem Hort gekauft. So lohnt der Treulose unsere Treue!“

Das hörte Volker, und das schwarze Blut des Zornes schoß ihm durchs Herz. Er schrie: „Wärt Ihr nicht aus edelstem Blut, Königin, so würde ich sagen, Ihr seid eine Lügnerin aus der Hölle! Rüdiger hat seine Pflicht bis zum Ende getan!“ Mit diesen Worten hob er den Leichnam Rüdigers über den Kopf. Da klagten Etzel und Kriemhild ohne Maßen um den gefallenen Helden, und alle ihre Ritter klagten ihn und alle ihre Könige und Grafen, denn Rüdiger war das Vorbild aller Ritter gewesen und der Ruhm und die Zierde der Christenheit.

Wie Herrn Dietrichs Recken allesamt erschlagen wurden

Dô hôrt' man allenthalben jâmer alsô grôz,
daz palas unde türne von dem wuofe erdôz.
dô hôrt' ez ouch von Berne ein Dietrîches man.
durch disiu starken mære wie balde er gâhén began!

Das Klagen und Weinen der Burg drang bis zu Dietrich, und bei den Amelungen ging schon die Kunde um, König Etzel selbst sei erschlagen worden. Da schickte Dietrich einen seiner Vasallen, Herrn Helferich, aus, die Dinge zu erkunden, und er mahnte ihn dringend, den Frieden, was immer auch geschehen sei und ferner noch geschehen möge, auf das genaueste zu wahren und nichts gegen die Burgunder zu unternehmen. „Sie müssen nach dieser Nacht ja von Sinnen sein“, sprach er, „wägt da nicht jedes ihrer Worte, ich bitte Euch drum!“ Herr Helferich versprach es und ging, und er kehrte bald schon mit nassen Augen wieder. „Was ist geschehen?“ fragte König Dietrich. „Sie haben Rüdiger erschlagen“, berichtete Helferich. „Das kann Gott nicht wollen!“ sagte Dietrich entsetzt. „Wie hätte der Redliche das verdient! Er war den Burgundern gewogen wie keiner!“ Da schrie Wolfhart: „Wenn das wahr ist, müssen sie es büßen! Es wäre eine Schmach, solchen

Frevel zu dulden! Rüdiger war der Edelste aller; er hat uns große Dienste erwiesen, seit wir Italien verloren! Ich will nicht leben, wenn ich ihn nicht räche!“ – „Ich verbiete es dir“, sprach Dietrich von Bern.

Nun sandte Dietrich seinen Waffenmeister Hildebrand zu Gunther, um zu erfahren, was sich zugetragen habe. Hildebrand wollte ohne Schwert und Schild und auch ohne Begleitung zu den Eingeschlossenen gehen, damit sein leibhaftiges Fleisch seine friedliche Absicht bekunde, doch Wolfhart redete so lange auf den Alten ein, er gehe in Hohn oder Tod, wenn er waffenlos ginge, bis Hildebrand schließlich seinen Panzer anlegte und auch eine Begleitung duldete. Da folgten ihm alle Amelungen. So sah Volker ihn kommen, und er meldete Gunther, daß Dietrichs Mannen bewaffnet und feindlich gegen die Burg zögen. „Nun erfüllt sich unser Schicksal“, sprach der Spielmann. „Das ist unser Untergang!“ Da legte Hildebrand seinen Schild und sein Schwert im Burghof nieder.

„Was hat euch Rüdiger getan, gute Helden“, so sprach er. „Herrn Dietrich jammert sein Tod, und er jammert uns alle. Ist es wirklich wahr, daß jemand von euch ihn erschlug?“ – „Es ist wahr“, erwiderte Hagen, „und sein Tod jammert uns nicht minder. Es gibt nicht Tränen genug, ihn zu beweinen!“ Da sagte Wolfhart: „Wenn mir mein eigener Vater zu Füßen hier läge, wahrhaftig, ich empfände nicht härteres Weh! Er war unser Trost, als wir heimatlos wurden, und wer wird jetzt sein Weib, wer wird seine Tochter trösten? Wer führt jetzt seine Krieger ins Feld!“ Da weinten alle Amelungen.

„Gebt uns den Leichnam heraus“, sprach Hildebrand, „daß wir ihn würdig bestatten!“ – „Solche Treue ehrt euch!“ erwiderte Gunther, „so handeln wahre Freunde!“ – „Sollen wir um den Toten noch betteln?“ schrie Wolfhart erregt, „gebt ihn auf der Stelle heraus, ihr Mörder!“ – „So holt ihn euch doch!“ rief Volker wütend. Da wollte Wolfhart die Treppe hinauf, doch Hildebrand riß ihn zurück.

„Bist du von Sinnen“, schrie der Alte, „hat der König uns nicht geboten, den Frieden zu wahren, was auch immer geschehe, und hier ist gar nichts geschehen! Willst du mit

Gewalt seine Gunst verscherzen?" – „So laßt den Löwen doch los, Meister", rief Volker, „er schäumt ja vor Grimm! Laßt ihn laufen, ich werde ihn schon zähmen!" Da riß sich Wolfhart aus Hildebrands Hand und stürmte ins Haus, und ihm folgten im Nu alle Ritter Dietrichs, und da mußte nun auch Hildebrand folgen, und da er nicht dulden konnte, daß der Junge vor ihm den ersten Streich tat, überholte er Wolfhart auf der Treppe und rannte an ihm vorbei und warf sich auf Hagen, und Wolfhart warf sich auf Volker, und Helferich warf sich auf König Gunther, und auch die Herren Ritschart, Gerbart, Wichart, Wolfbrand, Sigestab, Wolfmin und Helmnot und all die anderen hochberühmten Amelungen wählten sich würdige Gegner, und sie fochten so erbittert, daß Feuer aus allen Panzern brach. Das Feuer fraß jede Besinnung. „Rache für Rüdiger!" brüllte Wolfhart, und da wurde der Kampf so rasend, daß die verkohlten Balken des Saals ein zweites Mal zu brennen begannen.

Das Getümmel des Kampfs riß die Helden voneinander und vereinte sie wieder; es gab keinen, der nicht schon gegen jeden gefochten hatte, und der Tod tanzte lärmend mit dem einen wie andern. Volker erschlug Sigestab; Hildebrand erschlug Volker; Helferich erschlug Dankwart; Hagen erschlug Ritschart, Helmnot, Wichart, Gerbart und Wolfmin; und der junge Giselher und der junge Wolfhart erschlugen einander, da sie verwundet am Boden lagen. Da waren alle Amelungen erschlagen bis auf Hildebrand und alle Burgunder bis auf Gunther und Hagen. Da traten Hagen und Hildebrand widereinander an.

Hildebrands Schwert hieß Brinning, Hagens Schwert Balmung. Sie konnten einander lange Zeit nicht verwunden. Schließlich durchschlug Balmung Hildebrands Harnisch. Da der Alte sein Blut fließen sah, warf er den Schild auf seinen Rücken und floh. Er floh über den Hof und floh bis zu Dietrich. Der saß taub vor Gram in seinem Zelt.

„Was seid Ihr vom Blut so naß und rot, lieber Alter?" fragte Dietrich. „Warum hörtet Ihr nicht auf meinen Rat! Ich habe Euch doch verboten zu kämpfen!"

„Der Teufel Hagen hat mich verwundet", sprach Hildebrand.

„Da ist Euch recht geschehen“, sprach Dietrich, „warum habt Ihr den Frieden gebrochen! Für solchen Ungehorsam hätte jeder andre mit dem Leben gebüßt!“

„Grollt nicht zu sehr, edler Herr“, sprach Hildebrand, „wir konnten nicht anders! Wir haben um Rüdigers Leichnam gebeten, und die Bitte wurde uns abgeschlagen!“ – „So ist’s also wahr, daß Rüdiger tot ist?“ sprach Dietrich erschüttert. „O du arme Waise und du arme Witwe in Pöchlarn! Wer hat euch euren Schutz geraubt?“

„Gernot“, entgegnete der Alte.

„So laßt mir mein Kampfgewand bringen“, sprach Dietrich, „ich will nun selbst die Burgunder befragen! Sagt meinen Leuten, sie sollen sich rüsten und mich begleiten!“ – „Wer sollte das tun?“ entgegnete Hildebrand, „außer uns beiden lebt keiner der Amelungen, und von den Burgundern leben noch Hagen und Gunther!“

Da brach Dietrich ins Knie und schrie zum Himmel und klagte dem Himmel sein Leid. „O daß mich der Schmerz doch töte“, rief er. „O Gott, wieviel kann der Mensch doch ertragen! Weh mir, daß ich geboren wurde!“

Wie Herr Dietrich mit Gunther und Hagen kämpfte

Dô suocht’ der herre Dietrich   selbe sîn gewant.
im half, daz er sich wâfent’,   meister Hildebrant.
dô klagete alsô sêre   der kreftige man,
daz daz hûs erdiezen   von sîner stímmé began.

Dietrich legte sein Kampfgewand an, und Hildebrand half ihm. Dann gingen die beiden zur Burg. Da sagte Hagen zu Gunther: „Da sehe ich Dietrich kommen! Nun gilt es den letzten Gang!“

Und Hagen sagte: „Ich werde mit Dietrich kämpfen. Ich will ihn besiegen. Dann werden wir frei sein. Dann kehren wir nach Worms zurück.“

Das hörte Dietrich.

Die Berner legten vorm Tor ihre Schilde ab. „Was habt Ihr mir angetan, König Gunther?“ fragte Dietrich, „daß Ihr

Kämpfende Ritter (Englische Buchmalerei)

mir alle meine Ritter erschlugt? Genügte Euch nicht Rüdigers Tod? Warum mußtet Ihr uns so viel Leid antun!"

Da sagte Hagen: „Ich fürchte, Ihr seid nicht recht unterrichtet, Herr Dietrich! Uns könnt Ihr die Schuld an dem Verhängnis nicht geben. Eure Leute sind gewaffnet und in Kampfordnung hierher gekommen. Das ist die Wahrheit!"

„Wem soll ich noch glauben", sagte Dietrich verzweifelt; „Hildebrand hat mir berichtet, er habe Euch um Rüdigers Leichnam gebeten und wäre darum mit Hohn beschieden worden!" – „Das ist ja nicht wahr", sagte Gunther, „wir haben Rüdigers Leichnam zurückgehalten, um Etzel zu treffen. Darauf hat Wolfhart uns geschmäht. So ist es gewesen!" – „So war es denn so", sagte Dietrich, „nun gut! Dann müßt Ihr mir einen Ausgleich leisten, das fordert der Anstand! Ergebt Euch mit Hagen mir als Geisel, und ich werde sorgen, daß Euch die Hunnen kein Leid antun! Ihr sollt von mir Treue und Großmut erfahren!"

„Da sei Gott vor", erwiderte Hagen, „daß sich zwei freie Helden so billig ergeben!" – „Verwerft es nicht allzu leichten Sinns", sprach darauf Dietrich, „bedenkt, wie tief Ihr mich gekränkt habt, und daß Ihr mir Sühne schuldig seid! Und denkt auch an Burgund und an die Euren: Ich setze Leben und Ehre zum Pfand, daß ich euch freien Abzug erwirke, und ich will euch bis an den Rhein geleiten!" – „Genug", sagte Hagen, „es ziemt sich nicht, daß sich Freie ergeben. Ihr seid ja auch nur zu zweit und tut, als ob ein Heer hinter Euch stünde!" Da rief Hildebrand: „Dieser Hochmut wird Euch noch reuen, Hagen!" – „Mag sein", erwiderte Hagen, „doch werde ich dann nicht fliehen, wie Ihr heute geflohn seid!" – „Ei was", sagte der Alte ergrimmt, „und wie war denn das damals auf dem Wasgenstein mit dem spanischen Walter, als Ihr zu aller Gespött auf dem Schild sitzen geblieben seid? Belustigt Euch bloß nicht über andere!" – „Laßt das Gezänk", sagte Dietrich erbost, „laßt ruhn, was vor fünfzig Jahren geschehn ist! Nein, rede nicht weiter, Alter, ich verbiete es dir!"

Hildebrand murrte, doch Dietrich sagte zu Hagen: „Ihr gedachtet, mit mir allein zu kämpfen. Seid Ihr noch dazu bereit?" Da hob Hagen sein Schwert. Da sprang Dietrich die Treppe hinauf. Da fochten die beiden.

Dietrichs Schwert hieß Sachs. Es kämpfte einen ganzen Tag lang mit Balmung, und eines bezwang das andere nicht. Schließlich schlug Sachs eine tiefe Wunde in Hagens Brust. Da dachte Dietrich: Hagen ist erschöpft. Es wäre nicht ruhmvoll, ihn jetzt zu töten. Vielleicht kann ich die beiden noch retten. Ich will ihn lebendig als Geisel gewinnen! Da warf er den Schild und das Schwert weg und rang mit Hagen. Schließlich zwang er ihn nieder und fesselte ihn und führte ihn vor Etzel. Der wies ihn an Kriemhild.

Kriemhild schrie, als sie Hagen gefesselt vor sich sah. Sie schrie vor Glück; sie dachte, sie müsse vor Glück das Leben lassen. Sie sagte: „Ich kann dir nicht lohnen, Dietrich, was du für mich getan hast! Ich will dir geben, was ich besitze. Ich will dir dankbar sein bis in den Tod!"

Da sagte Dietrich: „Erfüllt mir nur einen Wunsch, Herrin!" – „Jeden", sprach Kriemhild. Da sagte Dietrich: „So schont diesen Mann! Er wird Euch Sühne leisten!" Da nickte Kriemhild und sagte: „Führt ihn zu seinem Schutz in das sicherste Gemach!"

Da wurde Hagen in einen Kerker aus Stein geführt.

König Gunther rief aus dem Saal: „Was zögert Ihr, Dietrich! Nun kämpfen wir beide!“ Da kämpfte Dietrich mit Gunther. Da wurde Gunther Dietrich ebenbürtig. Seine letzte Stunde war ruhmvoll. Das soll ihm bleiben. Er kämpfte wie ein Held mit Dietrich, und daß er erlag, ist keine Schande. Er stand den dritten Tag im Streit.

Dietrich fesselte auch Gunther. Es ziemte sich zwar nicht, einen König zu fesseln, allein Dietrich fürchtete, daß Gunther ungefesselt noch alle erschlage, so tapfer hatte er sich gewehrt. Er faßte den König an der gefesselten Hand und schritt neben ihm und übergab ihn Etzel. Der wies ihn an Kriemhild. Da setzte sich Kriemhild auf Etzels Thron.

„Willommen, Gunther, König der Nibelungen“, so sprach sie.

Da sagte Gunther: „Diesen Gruß werde ich nicht erwidern, Schwester!“

Da fiel Dietrich vor Kriemhild aufs Knie und sprach: „Edle Gemahlin des Königs, noch nie wurden solche tapferen Ritter wie diese als Geiseln gegeben! Ihr habt mir versprochen, einen Wunsch zu erfüllen. Ich bitte um Gnade für Hagen und Gunther!“

„Ich will ihnen gnädig sein“, erwiderte Kriemhild.

Da wurde Gunther in einen Kerker aus Eisen geführt.

Kriemhild trat vor Hagen. „Gebt mir, was Ihr mir genommen habt“, sprach sie. „Gebt mir den Hort. Vielleicht kehrt Ihr dann nach Burgund zurück!“

„Mich bindet mein Eid“, erwiderte Hagen. „Ich habe meinen Herren geschworen, den Hort nicht zu verraten, solange sie leben!“

„So muß ich es zu Ende bringen“, sprach die hohe Frau. Sie sandte in Gunthers Kerker, daß man ihr den Kopf des Königs bringe. Sie nahm den Kopf bei den Haaren und zeigte ihn Hagen.

„Dein König ist tot“, sprach sie. „Dich bindet kein Eid mehr!“

Da nickte Hagen.

„So ist es zu Ende gebracht“, sprach er. „Meine Herren sind tot. Tot ist Giselher; tot ist Gernot; tot ist auch

Gunther. Es war dein Wille! Nun wissen nur Gott und ich, wo der Hort ist. Dir bleibt es verborgen, Teufelin!“

„So gib mir wenigstens Balmung“, sprach Kriemhild. Sie zog das Schwert aus der Scheide an Hagens Gehenk. „Dies Schwert hat mein Liebster zugleich mit dem Hort gewonnen“, sprach sie. „Er hat es in seinen Händen gehalten. Seine Augen haben darauf geruht. Seine Ohren haben ihm gelauscht, da es sprach. Nun soll es ihn noch einmal grüßen!“

Sie packte das Schwert und schlug Hagen den Kopf ab.

Da erschauerte Etzel.

„Weh“, sprach er, „ein Weib hat den besten Ritter erschlagen! Die Welt ist aus den Fugen! Wehe uns!“

„Teufelin“, schrie Hildebrand, „was hast du getan! Du mußt von der Erde, und mag es mir selber ans Leben gehen!“

Er stürzte sich auf die Königin und riß sie vom Thron. Sie schrie wie ein Tier. Sie schrie zu Etzel. Der rührte sich nicht. Da hatte sie schon das Schwert des Alten zerstückelt. Da weinte Etzel. So endete Liebe in Leid.

Was weiter geschah, weiß ich nicht. Ich weiß nur, daß man viele weinen sah, Ritter und Frauen und Kinder, und auch Knechte, und auch die Frauen und Kinder von Knechten.

Hier endet die alte Geschichte. Sie heißt: Der Nibelunge Not.

Materialien

I. Sagen um Siegfried

Der Siegfriedbrunnen in Worms

1. Die Sage vom Drachenhort

In den Bergwäldern des südlichen Westfalen hausten Alben: Naturgeister, die beliebige Tiergestalt annehmen können. Einst töteten dort drei germanische Götter auf einer Wanderung einen Alben in Gestalt einer Otter. Als Buße mußten sie dem Vater des Alben (Reidmar) und seinen beiden Söhnen (Fafner und Regin) einen Goldhort überlassen. Die Götter hatten diesen Goldhort einem Zwerg entwendet. Um sich zu rächen, belegte der Zwerg das Gold mit einem Fluch: Es sollte jedem, der es besäße, den Tod bringen. Dieser Fluch erfüllt sich zuerst an Reidmar: Er weigert sich, das Gold mit seinen Söhnen zu teilen, und wird dafür von Fafner im Schlaf erstochen. Fafner setzt sich allein in den Besitz des Schatzes.

So blieb es zunächst dabei, daß Fafner der Besitzer des Hortes war. Alben, Zwerge und Riesen können beliebige Tiergestalt annehmen. So schuf Fafner sich, um gegen alle Anschläge sicherer zu sein, in einen großen Lindwurm um. Er schleppte den Schatz in einen Wald, die Gnitaheide, in eine Höhle dort, nicht weit von einem Teich, und lag als Lindwurm auf dem Golde in der Höhle, die er nur verließ, wenn er an den Teich kroch zum Trinken.

Regin war nicht so stark und zugreifend wie sein Bruder, dafür aber klug und vor allem ein sehr kunstfertiger Schmied (beides sind Alben und Zwerge öfters). Als er einmal im Walde Holzkohlen brannte für seine Schmiede, kam plötzlich aus dem Dickicht ein kleiner Junge auf ihn zugesprungen, mit langem Blondhaar und blitzenden Augen, und hinter ihm kam eine Hirschkuh gelaufen wie in mütterlicher Fürsorge. Das war Siegfried, der Sohn König Siegmunds und der Sieglind. Sein Vater war nach vielen großen Taten in einer Schlacht gefallen, heimgefordert von Wodan, der ihm selbst im Kampfe entgegengetreten war und ihm den Speer vorgehalten hatte, an dem Siegmunds sonst unzerbrechliches Schwert zerschellt war. Seine Mutter war vor dem Feinde in den Wald geflohen, hatte ihm dort das Leben geschenkt und war gestorben. Die Hirschkuh aber hatte Jung Siegfried als Amme gedient, indem sie das kräftige Menschenkind mit den eigenen starken Jungen säugte und vor der Winterkälte schützte. Aber als der kleine

Königssohn einige Jahre alt geworden war, da begann er auf eigene Hand umherzustreifen, und wie er Regin am Meiler stehen sah, da zog es ihn zu ihm, denn wenn er auch unansehnlich war, so hatte er doch Menschengestalt. Auch der Albe freute sich über den Königssohn, hatte er doch an ihm einen Gesellen und Helfer.

So kam Jung Siegfried in die Schmiedelehre. Kräfte genug hatte er, um den schweren Schmiedehammer zu schwingen; die angeborene Art zeigt sich früh. Regin schätzte sie richtig ein, und er dachte auch an seinen eigenen Vorteil. So verfertigte er für seinen Zögling ein wunderbares Schwert, Balmung mit Namen, das war so scharf, daß sie damit am Ufer des Rheins diese Probe machen konnten: Regin hielt die Klinge in den Strom, und Jung Siegfried ließ einen Büschel Wolle aus dem Fell eines von Regins Bergschafen stromabwärts dagegen treiben; da schnitt die Schneide den Wollbüschel glatt durch. Heimgekehrt, schwang Siegfried das Schwert gegen den eisernen Amboß, und der Hieb spaltete ihn bis auf den Grund. Da leuchteten seine Augen auf. Er wußte jetzt, was ein gutes Schwert bedeutete. Und Regin trieb ihn an, den Drachen Fafner zu erschlagen, von dem er ihm schon früher erzählt hatte.

Sie ritten miteinander in die Gnitaheide, und nach des Pflegevaters Anweisung grub Siegfried auf der Drachenspur, die zum Wasser führte, eine Grube, so tief, daß er selbst ganz darin stehen, aber mit dem Schwerte einen Stich aus der Grube herausführen konnte. Der Lindwurm war oben und an den Seiten gepanzert und nur am Bauche verwundbar. Siegfried wartete auf ihn in der Grube, den nackten Balmung in der rechten Faust, während Regin sich seitwärts ins Gebüsch geschlagen hatte. Als nun Fafner aus der Höhle gekrochen kam, schnob er Gift, und das troff herab auf Siegfrieds Kopf. Es schadete ihm aber nicht und verwirrte ihn auch nicht. Er wartete kaltblütig, bis die Herzgegend des Untiers über die Grube glitt; dann stieß er zu, daß die Schwertspitze an den Rückenpanzer prallte, zog schnell zurück und sprang seitwärts aus der Grube heraus, ehe das in Strömen hervorbrechende Drachenblut sie ausfüllte. Während er sein rauchendes Schwert im Grase abwischte, sah er den Lindwurm furchtbar mit dem Schwanze schlagen und hörte ihn schnaufen und stöhnen. Bewegungen und Töne wurden nach einiger Zeit schwächer, und dann kam der Augenblick, wo das Untier sich verendend auf die Seite legte.

Nun näherte sich auch Regin, wünschte dem jungen Helden Heil für seine Tat, murmelte aber auch etwas von Brudertötung, für die ihm Buße gebühre, so daß Siegfried ihn erinnern mußte, daß er selbst sein Auftraggeber war. Regin schnitt dann dem Drachen das Herz aus, trank Blut aus der Wunde und trug Siegfried auf, während er selbst einen Schlaf tue, das Drachenherz für ihn zu braten. Man glaubte durch den Genuß von Blut und Herz eines getöteten starken Wesens dessen Kräfte in sich aufzunehmen.

Jung Siegfried, noch gewohnt zu gehorchen, machte ein Feuer im Walde an und begann das Herz an einem Stabe zu braten. Als er meinte, es sei gar, weil der Saft herausquoll, tippte er mit dem Finger daran, um die Weichheit zu erproben. Da verbrannte er sich und steckte den Finger unwillkürlich in den Mund. Und als Fafners Herzblut seine Zunge berührte, da wurde das Vogelgezwitscher, das den Wald erfüllte, plötzlich für ihn verständliche Rede, und er hörte deutlich, wie Meisen, die über ihm in einer Baumkrone saßen, von ihm sprachen.

„Da sitzt Siegfried“, sagte die eine, „brät das Drachenherz und weiß nicht, was Regin vorhat, wenn er durch das Herz sich wild machen will.“

„Da hinten liegt Regin“, sagte eine andere, „er geht zu Rate mit sich, um den Bruder zu rächen und den Burschen zu überlisten, der ihm arglos vertraut.“

„Töricht ist Siegfried“, sagte eine dritte, „wenn er seinen Feind nicht durchschaut, der seinen Tod beschlossen hat – es gibt Arglist in der Welt!“

Und alle im Chore sangen: „Und einen Kopf kürzer wandere der alte Albe zur Unterwelt hinab! Alles Gold gehört dann dir allein, Fafners ganzer Hort.“

Sehr bald hatte der helläugige Knabe verstanden, was die klugen Vögel meinten. „Dazu kommt es nie“, rief er aus,

„daß Regin mein Töter wird! Beide Brüder sollen mitsammen zur Unterwelt hinab!“

Er ging hin und schlug dem im Grase liegenden Regin mit Balmung den Kopf ab. Dann verzehrte er das Herz des Fafner und trank Blut vom Drachen und vom Alben. Das erhöhte ihm Kraft und Einsicht. Er stieg zu Pferde, ritt die Spur entlang zur Höhle, die tief in die Erde gegraben war und eiserne Tore und Pfosten hatte, und füllte mit dem Schatz, den er drinnen fand, zwei Kisten. Die hängte er seinem Hengst vor dem Sattel über den Rücken und wollte ihn am Zügel führen. Aber das gute Roß stand wie angewurzelt, bis sein Herr selber auf seinen Rücken sprang, und nun ging es in munterem Trabe in die Welt hinaus.

2. Wie Brunhilde erlöst wurde

Einst wurde Siegfried beim König von Dänemark als Gast gefeiert. Ein Sänger sang von kühnen Helden und wohledlen Frauen. Und auch Brunhilde galt sein Lied, die als Walküre auf dem Isenstein lebe, der Feuerinsel im Nordmeer.

„Ich muß den Isenstein ersteigen, ich will Brunhilde, die Starke, sehen! Gebt mir ein Drachenschiff, mein König, laßt mich ziehen!“ bat Siegfried.

Der König tat nach Siegfrieds Willen und gab dem Scheidenden als Gastgeschenk ein Schiff und einen Hengst, den Grani, das beste Roß aus seinem Marstall.

Die Segel blähten auf im frischen Wind. Der Drachen schnitt die Flut, und bis zum Horizonte zog die weiße Spur des Kiels. Unendlich schien das Meer. Am Tage gab die Sonne ihm die Richtung an, des Nachts wies ihm der Nordstern seinen Weg. Eines Morgens tauchten endlich Feuerberge aus dem Wasser auf, der steilste Felsberg aber war von einer Burg gekrönt, um die die Waberlohe stand, ein Flammenring. „Dort oben wohnt Brunhilde, dessen bin ich ganz gewiß. Dies ist ein Ort, der dieser Heldenjungfrau geziemt“, rief Siegfried aus. Die Segel wurden eingezogen, Siegfried sprang an Land und gab dem Hengst die Sporen. Die vielgetürmte Burg auf dem hohen Gipfel war ihr Ziel.

Steil klomm der Pfad den Berg hinan, doch endlich standen sie auf Bergeshöhe vor dem Feuerwall.

„Jetzt gilt es, Grani", spornte Siegfried seinen Schimmel an, „wir wagen einen Sprung durchs Feuer, der Feuerwall verbirgt Brunhilde, die Walküre; ich muß sie sehen!" Laut wieherte der Hengst, und schon durchjagte er das Feuer, schon griffen tausend Zungen nach dem Helden, doch überwunden ward der Wall. Totenstille herrschte in der Burg. Siegfried band den Hengst an einen Pfeiler, erstieg die breiten Stufen zu der Halle, er schlug die breiten Flügel auf, und sich, da lag ein Recke – schlafend oder tot? Siegfried wußt' es nicht und kniete nieder, löste rasch des Recken Kinnband, hob dessen Helm auf, und – welch Götterbild! Eine Jungfrau war es, die da schlief! Unverwandt sah Siegfried ins schönste Antlitz, das er je gesehen. Er neigte sich vor ihr und küßte ihren Mund.

Da brach der Zauberbann. Die Jungfrau schöpfte Atem, sie schlug die Augen auf und schaute, noch vom Traum befangen, in das Antlitz über ihr. Dann kam es fragend von den Lippen: „Wie ist mir? Träume ich, bin ich schon wach? Ein Mann steht neben mir, der es gewagt, die Waberlohe zu durchbrechen? Hat Odin dich gesandt, vom Schlaf mich zu erwecken? Wer bist du, Götterbote, bist du mein Befreier?"

„Nicht Odin sandte mich, mein Herz trieb mich. Siegfried bin ich, des Königs Siegmund und der Sieglinde Sohn. Auf Granis, meines Hengstes, Rücken durchbrach ich deine Waberlohe."

Die Jungfrau nahm das Trinkhorn vom Gesims und füllte es mit edlem Wein. Und dann verkündete sie feierlich: „Gegrüßet seist du, Sonne, gegrüßet sei der junge Tag, die Nacht ist hin. Dir, Siegfried, Heil! Dich trieb das Herz, den Zauberbann zu brechen und mich vom Schlummer aufzuwecken für den Tag!" Sie tranken aus dem Horne Wein, und oft begegneten sich ihre Blicke. Dann hob Brunhilde zu erzählen an: „Weil Odin es so wollte, wurde ich die Herrin dieser Feuerinsel. Eine Walküre war ich einst, die auf der Walstatt tote Helden auferweckte, um sie heimzuholen nach Walhall. Da brach vor vielen Jahren Streit aus zwischen Agnar und Helmgunther, zwei königlichen Brüdern. Odin hatte Helmgunther den Siegpreis zugedacht, doch ich erbarmte mich des lichten Agnar, der mild und gut war und der Baldur glich, nun aber Land und Leben lassen sollte. Ich hörte Odins Warnruf nicht, ich wandte seine Würfel, bot dem Schicksal Trotz und stieß dem Schutzbefohlenen Odins, Helmgunther, selbst den Speer ins Herz. Walvater zürnte, in Ungnade fiel ich, und Sleipnir, Odins Hengst, trug mich hoch über Wolkenberge hier in diese Halle. Noch rauscht mir Odins Urteilsspruch im Ohr: ‚Du solltest als Walküre Helden von der Walstatt holen nach Walhall. Doch menschlich fühltest du. So treffe dich ein menschlich Los! Ein Weib sei fortan! Aus Midgards Stamme kommt dereinst ein Mann, ihn schmückt die Krone, den erwarte!‘

Ich aber sprach: ‚Gewähre mir, daß ich den Mann nur anerkenne, der durch ein Feuer springt, mich zu gewinnen!‘ Und Odin zeigte sich voll Huld. Er stach mich mit dem Schlafdorn, und meine Augen wurden schwer. Ich schlief wohl hundert Jahre. Nun aber, Siegfried, schmolz der Schnee dahin, laß mich die Sonne sehen!“

Sie schritten in das Freie; die Lohe war erloschen. Kein Wolkenschatten lag mehr auf dem Isenstein, er sah nur Sonne, Freud und Glück. Doch das ertrug der Held nicht allzu lang. Denn Siegfried dürstete nach einer Tat. Ihn rief das Meer mit seinem Sturm. Den Ring des Nibelungenhortes steckte er an Brunhilds Hand, dann sah die Jungfrau ihren Helden ziehen.

Sie stand auf hohem Turme, als der Wind die Segel in die unbekannte Ferne trieb. Wohin? Die Winde wußten es, und Siegfried horchte auf das Walten Odins.

3. Siegfrieds Ermordung (das Alte Sigurdlied)

Sigurd, der Drachentöter, hatte Blutsbrüderschaft mit Gunnar und Högni, den Söhnen Gjukis, geschlossen und ihre Schwester Gudrun zur Frau genommen.

Als Gunnar eines Tages beschloß, um Brünhild zu werben, versprach Sigurd ihm zu helfen. Brünhild hatte nämlich geschworen, nur den zu heiraten, der ihre Waberlohe zu durchreiten vermöchte. Gunnar versuchte es – umsonst. Als Sigurd ihm sein Pferd lieh, ging dieses unter ihm nicht vorwärts. Da nahm Sigurd seine Tarnkappe und tauschte mit Gunnar die Gestalt.

Brünhild war sehr enttäuscht und bekümmert, als der vermeintliche Gunnar zu ihr kam. Sie hatte geglaubt, nur Sigurd werde das Feuer durchreiten können. Aber getreu ihrem Schwur willigte sie in die Ehe ein und teilte drei Nächte das Lager mit ihrem Bezwinger. Er legte sein blankes Schwert zwischen sie beide, und auf ihre Frage, was das bedeute, antwortete er, ihm sei bestimmt, so seine Vermählung zu begehen oder zu sterben. Zum Zeichen der Vermählung tauschten sie noch die Ringe.

Nach drei Tagen ritt Sigurd zu den anderen zurück und nahm wieder seine richtige Gestalt an. Zusammen zogen alle an den Königshof, wo Sigurd Brünhildens Ring seiner Frau Gudrun schenkte.

Über ein Jahr war vergangen, da stritten eines Tages beim Baden im Fluß Gudrun und Brünhild, welchem ihrer Männer der Vorrang gebühre. Gudrun entdeckte Brünhild, daß Sigurd es gewesen sei, der die Waberlohe durchritten und das Lager mit ihr geteilt habe; als Beweis zeigte sie den Ring vor, den sie von Sigurd geschenkt bekommen hatte.

Brünhild wurde totenbleich. Vor Gunnar erhob sie bittere Anklage gegen Sigurd: „Er hat dich und mich betrogen, als er mit mir das Lager teilte. Ich kann nicht zwei Männer haben. Sigurd muß sterben oder du oder ich!"

Da beschloß Gunnar, Sigurd zu töten. Seinem Bruder Högni gegenüber rechtfertigte er den Mord folgendermaßen: „Sigurd hat mir Eide geschworen, er hat sie alle gebrochen. Er betrog mich, wo er hätte treu sein sollen." Högni riet zwar zur Vorsicht und meinte, daß Brünhild nur Zwietracht säen wolle, weil sie eifersüchtig sei und Sigurd Gudrun nicht gönne und weil sie nicht mehr Gunnars Frau sein wolle; aber dann willigte er doch in die Verschwörung ein.

Sigurd wurde in einem Wald südlich des Rheins erschlagen. Auf dem Rückweg rief ihnen ein Rabe vom Baum herab zu: „An euch wird Atli seine Schwerter blutrot färben! Der Verrat an Sigurd wird die Mörder zu Fall bringen!“

Gudrun fragte nach der Rückkehr der Männer sofort nach Sigurd, denn sie hatte ihn nicht wie sonst an der Spitze des Zuges reiten sehen. Alle schwiegen; nur Hagen bekannte sich zu der Tat: „Erschlagen haben wir ihn!“ Da lachte Brunhild zum letztenmal, und schauerlich hallte es durch den Königshof: „Mögt ihr noch lange über Land und Leute herrschen, jetzt, wo Sigurd nicht mehr lebt! Er wäre ja bald zum Alleinherrscher geworden, wenn ihr ihn noch länger am Leben gelassen hättet! Welch eine Schande wäre das gewesen, wo König Gjuki doch drei Söhne hat, die zur Herrschaft berufen sind!“ Gudrun aber verfluchte Gunnar und schwor Rache für die Freveltat.

In der Nacht konnte Gunnar keinen Schlaf finden. Immer mußte er an die Worte denken, die der Rabe ihnen auf dem Rückweg zugerufen hatte. Früh am Morgen verkündete Brünhild, daß sie Wichtiges mitzuteilen habe. Unter Tränen enthüllte sie Gunnar vor dem versammelten Hofstaat, daß nicht Sigurd, sondern er selbst wortbrüchig geworden sei: „Du, Gunnar, hast ganz und gar vergessen, daß ihr Blutsbrüder wart. Schlecht hast du Sigurd seine Dienste vergolten.“ Als er durch die Waberlohe zu ihr geritten sei, habe Sigurd den Eid, den er Gunnar geschworen, gehalten, denn er habe sein Schwert zwischen sie beide gelegt. Gunnars Verrat aber sei sein Untergang: „Schlimmes habe ich im Traum vorausgesehen, Gunnar. Du rittest gefesselt ins Feindesheer. Der mächtige Stamm der Nibelungen wird vernichtet werden!“

Danach gab sich Brünhild selber den Tod.

II. Auf den Spuren der Nibelungen

1. Nibelungenstadt Worms

Was man in Worms finden kann (Bildcollage)

Stadtplan von Worms

2. Im Odenwald: „Wo Sîfrit erslagen wart“

Der Siegfriedbrunnen in Odenheim

Erinnerungen an die Nibelungen (Bildcollage)

14
„Gästehaus Gudrun“
Bes. G. OHLE
Siegfriedstr. 5 Tel: 06207/5506
Wir bieten wohnlich eingerichtete
Komf.-Zimmer m. Dusche WC Balkon
PENSION Kriemhildenruh
BES. L. MÜLLER
Siegfriedstr. 7 Tel: 06207/2442
gut eingerichtete Fremdenzimmer
z. Tm. Dusche + WC ausgestattet
Beide Häuser in ruhiger Lage direkt am Wald
herrlicher Blick ins Gassbachtal Liegewiese Terrasse

ZUR NIBELUNGENHALLE
PENS. KRIEMHILDENRUH
HOTEL DORFLINDE
KUR-HOTEL SIEGFRIEDBRUNNEN
OTEL SIEGFRIEDBRUNNEN

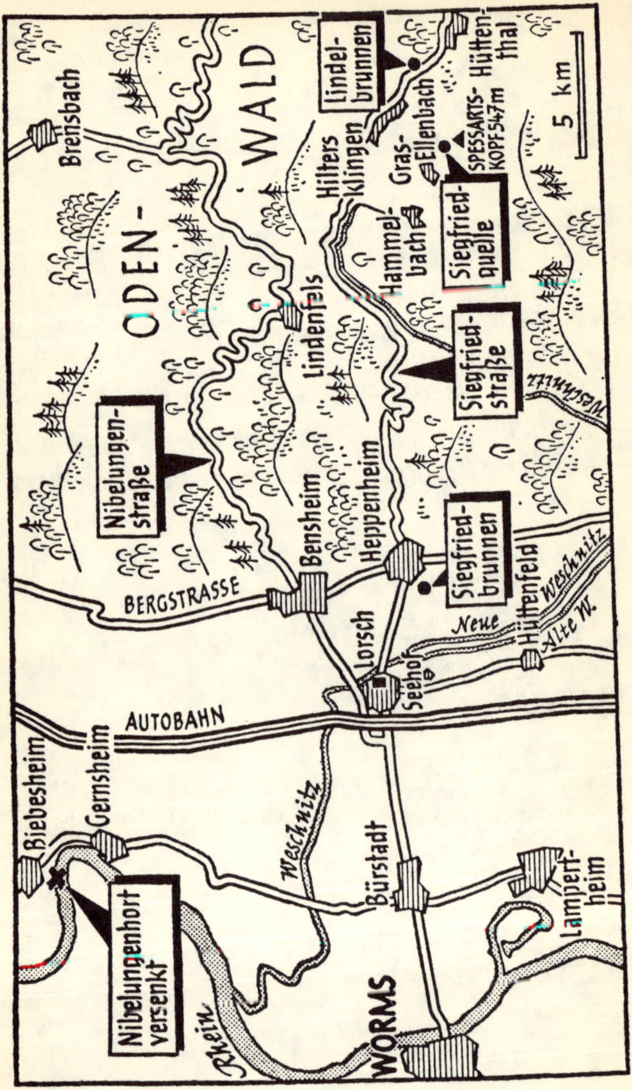

Karte vom Odenwald

3. Auf der Nibelungenstraße ins Hunnenland

Die „Etzelburg“: Die Burg des ungarischen Herrschergeschlechts der Arpaden in Esztergom nahe Budapest. Sie wurde gegen Ende des 12. Jahrhunderts auf einem Felsen über der Donau erbaut. Diese Burg stellt sich der Dichter des Nibelungenliedes als Schauplatz des Untergangs der Burgunder vor. Die historische Burg Etzels befand sich weiter südlich, im Gebiet zwischen Donau und Theiß im südlichen Mittelungarn. Von ihr sind keine Reste erhalten.

Weg der sagenhaften Burgunder/Nibelungen

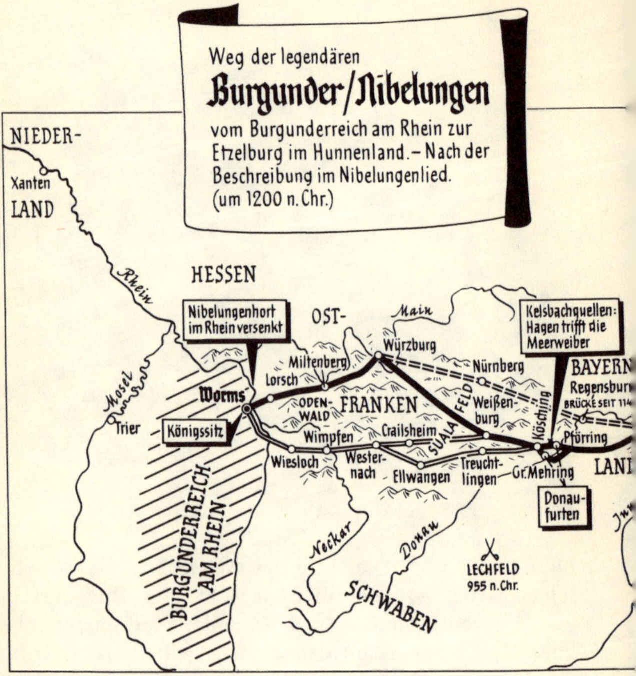

Passau an Donau und
In. Stadt an den
Alpen.

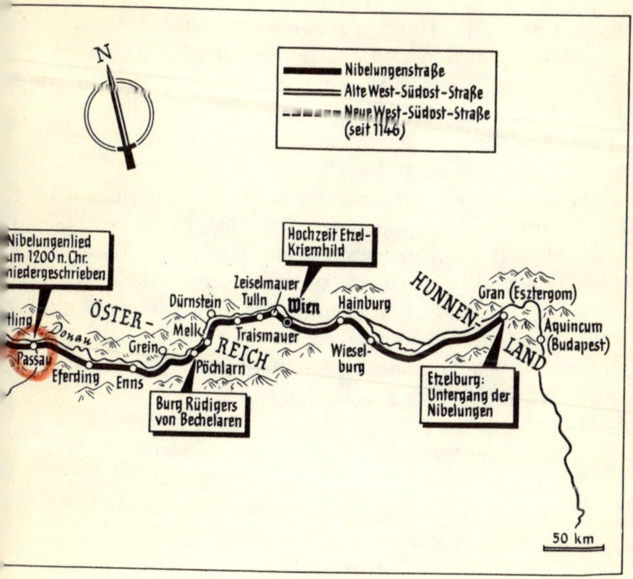
N
Nibelungenstraße
Alte West-Südost-Straße
Neue West-Südost-Straße (seit 1146)
Nibelungenlied um 1200 n. Chr. niedergeschrieben
Hochzeit Etzel-Kriemhild
ÖSTER-REICH
HUNNEN-LAND
Passau
Eferding
Enns
Grein
Melk
Dürnstein
Pöchlarn
Zeiselmauer
Tulln
Traismauer
Wien
Hainburg
Wiesel-burg
Gran (Esztergom)
Aquincum (Budapest)
Donau
Burg Rüdigers von Bechelaren
Etzelburg: Untergang der Nibelungen
50 km

III. Geschichte und Sage: Der Untergang der Burgunder

1. Zur Geschichte der Burgunder

2. Jh. v. Chr.	Die Burgunder verlassen ihre Heimat Skandinavien und siedeln sich im Gebiet zwischen Oder und Weichsel an.
2. Jh. n. Chr.	Der Hauptstamm der Burgunder tritt eine Wanderung nach Westen an; Vorstoß bis in die Gegend südlich des Mains.
Neujahrsnacht 406/407	Die Burgunder überqueren zusammen mit Vandalen, Alanen und Sueben den Rhein.
413	Die Burgunder werden Bundesgenossen Roms; sie sind verpflichtet, an der Reichsverteidigung teilzunehmen und Kontingente für die römischen Legionen zu stellen. Als Siedlungsgebiet wird ihnen der Raum Worms–Mainz zugewiesen.
413–443	Burgunderreich am Rhein, möglicherweise mit der Hauptstadt Worms; Herrscher ist König Gundahar aus dem Geschlecht der Gibiche.
435	Das Anwachsen der Bevölkerungszahl veranlaßt König Gundahar zu einem Eroberungsfeldzug in die römische Provinz Belgica I. Gundahar unterliegt im Kampf einem römischen Heer unter dem Feldherrn Aëtius.
437	Aëtius läßt das Wormser Burgunderreich durch hunnische Hilfstruppen vernichten. König Gundahar findet in der Schlacht den Tod.
443	Der größte Teil der überlebenden Burgunder wird in Gebiete am Genfer See und im heutigen Savoyen umgesiedelt.
451	Die Hunnen unter ihrem König Attila rücken nach Gallien vor. Mit ihnen ziehen die von ihnen unterworfenen Germanenstämme (Ostgoten, Gepiden, Heruler und die am Rhein verbliebenen Burgunder).

Aëtius versucht das Vordringen der Hunnen aufzuhalten: Es kommt zur Schlacht auf den Katalaunischen Feldern, in der auf seiten der Römer die Westgoten, Alanen, Franken und die Burgunder vom Genfer See kämpfen.
Der verlustreiche Kampf endet mit einer Niederlage der Hunnen.

532 Sieg der Franken über die Burgunder.

534 Das Burgunderreich geht im Frankenreich auf.

2. Attila und die Hunnen

Attila – (Lexikonartikel)

Attila [wohl gotisch ‚Väterchen'], nordisch **Atli,** mhd. **Etzel,** Hunnenkönig, † 453; regierte seit 434 mit seinem Bruder Bleda und nach dessen Tode 445 allein über die hunnischen Stämme. Mittelpunkt seiner Herrschaft war Ungarn. Sein Reich dehnte sich im O bis zum Kaukasus, im W bis fast zum Rhein aus. 451 fiel A. in Gallien ein; auf den Katalaunischen Feldern, westlich von Troyes, wurde er von einem aus Westgoten unter ihrem König Theoderich I., aus Burgundern, Franken und anderen Germanen gebildeten römischen Heere unter Aëtius geschlagen. Im nächsten Frühjahr brach er in Italien ein und zog vor Rom. Bald darauf starb A. in seinem pannonischen Standlager in der Hochzeitsnacht mit Ildiko. Sein Reich zerfiel sofort. In Sagen und Liedern lebte die Erinnerung an den Eroberer noch lange fort (Etzel). Der Beiname *Gottesgeißel* findet sich erst bei späteren Schriftstellern.

Attila aus der Sicht eines byzantinischen Geschichtsschreibers

„Stolz schritt er einher und ließ seine Augen hierhin und dorthin schweifen, wobei sein Machtbewußtsein in einem gestrafften Körper sich ausprägte; den Krieg liebte er, aber er vermochte seinem Arm Einhalt zu gebieten; gewaltig war er im Rat und im Planen, aber den Bittenden schenkte er Gehör, und wen er einmal unter die Seinen aufgenommen hatte, dem blieb er ein gütiger Herr; von kurzer Statur, breiter Brust, mächtigen Hauptes, schlitzäugig, mit spärlichem und grauem Barthaar, plattnäsig und dunkelhäutig besaß er alle Merkmale hunnischer Herkunft". Aber er plante Großes und traute es sich zu, fährt der Bericht fort. Anlaß dazu habe das Schwert des Kriegsgottes gebildet, das ein Hirt gefunden und Attila gebracht hatte. Jetzt habe er vermeint, zum Herrn der Welt berufen zu sein: das Recht zum Krieg und die Macht dazu sei ihm durch jenes Schwert gewährt worden.

Der Gote Jordanes über die Hunnen

Jordanes berichtet um 551 und stützt sich dabei auf die Gotengeschichte von Cassiodor, dem Kanzler des Königs Theoderich.

„Um das Jahr 375 brach das Volk der Hunnen, das unvorstellbar roh und wild ist, gegen die Goten los . . . Sie kannten keine Beschäftigung außer der Jagd; nur die Ruhe ihrer Nachbarvölker störten sie durch Raub und Hinterlist. – Sobald sie jenen Sumpf [das Asowsche Meer] überschritten hatten, rissen sie wie ein Wirbelwind die Völker, welche die Küste in jenem Teil von Skythien [Landschaft am Schwarzen Meer] bewohnten, mit sich fort. Sie suchten auch die Alanen, die ihnen im Kampf gewachsen waren, aber an Gesittung, Lebensweise und körperlicher Schönheit weit über ihnen standen, mit wiederholten Kämpfen heim und unterwarfen sie. Denn sie erfüllten auch diejenigen, denen sie im Krieg vielleicht nicht überlegen waren, durch das Schreckliche ihres Anblicks mit Entsetzen . . . Sie sind nämlich von schrecklich dunkler Farbe und haben, wenn man so sagen darf, kein Gesicht, sondern dafür nur einen abscheulichen Klumpen und eher Punkte als Augen. Ihre Wildheit verrät schon ihr gräßlicher Anblick, da sie sogar ihren Kindern gleich am Tag der Geburt ihre Grausamkeit zeigen, denn sie schneiden sie mit Eisen in die Wangen, um sie, noch ehe sie Milch genießen, Wunden ertragen zu lehren. Sie sind unansehnlich, aber flink und ausgezeichnete Reiter. Sie sind breitschultrig und geübt mit Bogen und Pfeil. Ihr Nacken ist stark und vor Stolz immer emporgerichtet . . ."

Der Römer Ammianus Marcellinus um 390 über die Hunnen

„Sie führen ein so wildes Leben, da sie weder Feuer noch Gewürz bei der Zubereitung ihrer Speisen gebrauchen, sondern sich von den Wurzeln wilder Pflanzen und dem rohen Fleisch aller beliebten Tiere ernähren, das sie zwischen ihre Schenkel und den Rücken der Pferde legen und so ein wenig mürbe machen. Sie bewohnen kein Haus, sondern vermeiden jedes Gebäude, als wäre es ein Grab. Nicht einmal Hütten mit einem Rohrdach haben sie. Sie kleiden sich in leinene Gewänder oder Pelze aus den Fellen der Waldmäuse, die behaarten Beine decken sie mit Ziegenfellen. An ihren häßlichen, doch ausdauernden Pferden sind sie wie angewachsen. Tag und Nacht leben sie auf ihren Pferden. Dort schlafen und träumen sie, indem sie sich vornüber auf den schmalen Hals des Rosses beugen.

Niemand bestellt bei ihnen den Acker, niemand berührt den Pflug. Ihre Karren dienen ihnen zum Wohnsitz.

Was ehrbar oder unehrbar ist, wissen sie sowenig wie die Tiere des Waldes. Voller Lüge und Tücke sind sie und ohne alle Religion. Nur unersättliche Goldgier beherrscht sie . . ."

Die Schlacht auf den Katalaunischen Feldern

Das geeignete Gefilde bot sich irgendwo in der Champagne an, auf den „Katalaunischen Feldern". Es maß nach Jordanes 30 Meilen in der Länge und 21 Meilen in der Breite. Hier errichtete Attila sein Lager und ließ es vom Troß dergestalt umgeben, daß eine Wagenburg entstand.

Wie üblich befragte der Hunnenkönig vor dem Gefecht das Orakel. Aus Muskeln, Knochen und Adern der Opfertiere lasen die Priester heraus, daß die Hunnen die Schlacht nicht gewinnen könnten, der feindliche Führer jedoch fallen werde.

Attila zögerte nach diesem Bescheid. Den Tod des gegnerischen Feldherrn bezog er auf Aëtius. Da dieser überall seine Eroberungszüge störte, war er jedoch gewillt, sogar eine Niederlage zu riskieren, wenn damit Aëtius ausgeschaltet würde. So ließ er die letzten Vorbereitungen treffen zum Kampf.

In langen Zügen verließen die Krieger die Wagenburg und formierten sich zu Fuß und zu Pferd zum Angriff. Attila und die Hunnen bildeten die Mitte der Streitkräfte, während an den Flügeln die Ostgoten unter Valamer, Theodemer und Vidimer standen, die Gepiden unter Ardarich, ferner die rechtsrheinischen Burgunder und andere Stämme.

Etwa sechs Kilometer entfernt hatten sich inzwischen die gegnerischen Truppen formiert. Aëtius mit den Römern und Teilen der Westgoten unter Thorismund nahmen den linken Flügel ein, der rechte wurde von den Westgoten unter ihrem König Theoderich gebildet, (der nicht zu verwechseln ist mit dem Ostgotenkönig Theoderich dem Großen). Dazwischen hatten die Alanen mit Sangiban Aufstellung genommen. [. . .]

Zwischen beiden Heeren erstreckt sich eine Anhöhe, um die der Kampf zunächst entbrennt. Attila läßt seine Reiterei stürmen, aber Aëtius und Thorismund leisten zähen Widerstand, werfen die Hunnen zurück und besetzen den Hügel.

Darauf sammelt Attila seine Scharen um sich und hält eine flammende Rede. Er spricht von den Siegen der Vergangenheit, dem Mut und der Unwiderstehlichkeit der eigenen und der Schwäche der gegnerischen Krieger.

Und wieder stürzen sich Hunnen und Germanen auf die feindliche Hauptmacht unter König Theoderich. Die hunnische Reiterei richtet unter den Westgoten schweres Unheil an, Pfeile, Lanzen und Säbel mähen die Truppen nieder.

Auch Theoderich versucht, den Mut seiner Krieger durch Zuspruch zu stärken. Der gotische Geschichtsschreiber Jordanes berichtet: „Indem Theoderich anfeuernd durch seine Schlachtreihen sprengt, wird er plötzlich vom Pferd geworfen und unter den Rossehufen seines Gefolges zertreten; nach anderen Aussagen soll er durch einen

Wurfpfeil des Ostgoten Andax getötet worden sein. Das war nur die Erfüllung jenes Wahrspruches, den Attila irrig auf Aëtius gedeutet hatte. Darauf trennen sich die Westgoten von den Alanen und dringen mit solcher Wucht auf die Hunnen vor, daß sie fast Attila selbst niedergehauen hätten."

Obwohl der Kampf nur von drei Uhr mittags bis in die Abendstunden gedauert hat, war es eine der großen und folgenreichen Schlachten der Weltgeschichte. Die Hunnen wollten sich zu Herren Europas aufwerfen, die Römer aber versuchten, das wankende Weltreich gegen den östlichen Ansturm zu retten. Die Hilfsvölker auf beiden Seiten kämpften, weil sie auf die eine oder andere Partei eingeschworen waren oder als unterjochte Stämme dem Kriegsdienst nachkommen mußten. Einmal im Kampf, gab es keine Wahl.

Die Verluste waren außerordentlich. Jordanis berichtet in üblicher Übertreibung damaliger Zeit von 180000. Er kennzeichnet das Gefecht als „grausige, vielgegliederte, ungeheure, hartnäckige Schlacht, die im Altertum nicht ihresgleichen hatte. [. . .] Dürfen wir älteren Personen glauben, so schwoll der das Schlachtfeld durchschneidende Bach vom Blut der Erschlagenen beinahe zum Strom an, so daß die ihren Durst zu löschen Begierigen zugleich Blut und Wasser tranken." Die Sagen erzählen sogar, daß noch die Gefallenen in den Lüften weitergestritten hätten.

Attila vermochte dem gemeinsamen Ansturm der Römer, Westgoten, Franken, Alanen und Burgunder nicht zu widerstehen und wurde gezwungen, sich in seine Wagenburg zurückzuziehen. Er rechnete mit einer Niederlage und ließ einen Scheiterhaufen aus Pferdesätteln errichten, um eher den Flammentod zu sterben, als lebend in die Hände der Feinde zu fallen.

Attilas Tod

Der Gote Jordanes berichtet: Attila hatte kurz vor seinem Tod ein überaus schönes Mädchen namens Ildiko (eine Germanin), zu seiner Frau gemacht. Er besaß bereits – wie es bei den Hunnen Sitte ist – zahlreiche Weiber. Nachdem er nun beim Hochzeitsfest in übermäßiger Festfreude geschwelgt hatte und schließlich, von Wein und Schlaf überwältigt, dalag, bekam er einen Blutsturz. Das Blut, das sonst durch die Nase ausgeflossen wäre, rann, an seinem natürlichen Abfluß gehindert, in den Schlund und erstickte ihn. So ist ein durch seine Kriegszüge berühmt gewordener König schimpflich an Trunkenheit zugrunde gegangen.

Als am nächsten Morgen – es war bereits spät am Tag – die Diener des Königs, Unheil ahnend, großen Lärm an seiner Tür machten und endlich eindrangen, fanden sie Attila tot daliegen, blutüberströmt, doch ohne irgendeine Wunde; neben ihm saß das Mädchen und barg weinend ihr Antlitz im Schleier. Da rauften sich die Männer, wie es bei diesem Volk Sitte ist, die Haare und entstellten ihre häßlichen Gesichter mit tiefen Wunden, damit der herrliche Kämpe nicht durch Weiberklagen und -tränen, sondern durch Vergießen von Männerblut betrauert würde.

3. Geschichte wird zur Sage: Der Untergang der Burgunder im Alten Atlilied

Gudrun, die Schwester Gunnars und Högnis, ist die Gemahlin Atlis geworden.

[...]

Eines Tages sandte Atli einen Boten an Gunnars Hof. Dort saßen Gunnars Mannen gerade in fröhlicher Runde beim Mahl. Als der Bote Atlis eintraf, verstummte die Unterhaltung jäh: Alle fürchteten die Hunnen.

Atlis Bote rief in den Saal: „Ich bin hergekommen, um euch im Namen meines Herrn an seinen Hof einzuladen. Reiche Geschenke warten dort auf euch, und Atli will euch weite Landstriche zu eigen geben."

Gunnar wandte sich darauf zu seinem jüngeren Bruder Högni und meinte: „Ich wüßte nichts, das Atli uns bieten könnte, was wir nicht auch besäßen. Wir haben Gold, die herrlichsten Waffen in Fülle, goldene Rüstungen, mein Kampfroß ist das beste, meine Klinge die schärfste, mein Helm und Schild sind die glänzendsten, die man sich denken kann." – „Unsere Schwester Gudrun hat uns durch den

Boten einen goldenen Ring überbringen lassen", antwortete Högni. „Um den Ring ist ein Wolfshaar geknüpft. Das hat etwas zu bedeuten. Ich halte es für eine Warnung."

Mutigen Sinnes, wie es einem König gebührt, entschied Gunnar dennoch, die Fahrt zu Atli zu wagen. Zahlreiche Getreue verabschiedeten sie da; man gab ihnen gute Wünsche und Mahnungen zur Vorsicht mit auf den Weg; viele tapfere Männer sah man weinen.

Nach langer Reise sahen Gunnar und Högni endlich von ferne die Zinnen von Atlis Burg. Überall wachten Posten, um Atli zu warnen, falls Gunnar in feindlicher Absicht sich nähern sollte. Atli feierte im Kreise seiner Männer ein Gelage.

Gudrun bemerkte mit Besorgnis die Ankunft ihrer Brüder. Bevor sie noch den Festsaal betreten konnten, eilte sie zu ihnen und warnte sie: „Du bist verloren, Gunnar. Atlis Einladung war eine arglistige Falle. Du kennst die Heimtücke der Hunnen nicht! Verlaß den Saal, so schnell du kannst! Es wäre besser gewesen, du hättest dich zum Kampf gerüstet und Atli in die Schlangengrube geworfen. Nun wird dir selber der Schlangenkerker beschieden sein."

„Dein Rat kommt zu spät", antwortete Gunnar. „Ich bin ohne ein Heer gekommen, und der Rhein ist zu weit entfernt, als daß ich jetzt noch meine getreuen Nibelungen zu Hilfe rufen könnte."

Da fesselten die Hunnen Gunnar und schließlich auch Högni, nachdem dieser sich zunächst heldenhaft gewehrt und dabei acht hunnische Krieger erschlagen hatte. Dann fragten sie Gunnar, ob er sein Leben mit dem Nibelungenschatz erkaufen wolle.

Trotzig entgegnete er ihnen: „Erst soll Högnis Herz mir in der Hand liegen."

Da schnitten die Hunnen dem feigen Hjalli das Herz aus der Brust und präsentierten es Gunnar in einer Schale als das Herz Högnis. Sie konnten aber Gunnar nicht täuschen: Der erkannte am zitternden Beben des Herzens, daß es sich um das des Feiglings Hjalli handelte. Kein Laut des Schmerzes und der Klage kam über Högnis Lippen, als man danach ihm das Herz aus der Brust schnitt. Als man es

Gunnar brachte, rief dieser: „Das ist Högnis Herz, ich erkenne es daran, daß es nicht zittert und bebt. Das tat es auch nie in Högnis Brust, als er noch lebte. Aber jetzt, Atli, wirst du erst recht nicht erfahren, wo der Nibelungenschatz sich befindet. Bei mir ist das Geheimnis gut aufgehoben. Außer mir kannte nur noch Högni den Ort, und solange er lebte, hatte ich immer einen leisen Zweifel, was seine Verschwiegenheit betraf. Von mir wirst du nichts erfahren. Möge der Rhein den Schatz behüten, möge das Gold in den Fluten blinken, niemals aber soll es in den Händen der Hunnen glänzen!"

Da wurde Gunnar in den Schlangenkerker geworfen. Furchtlos schlug er die Harfe und schläferte die Schlangen ein, aber eine Natter stach ihn bis zur Leber. So fand er den Tod.

Gudrun aber schwor, ihre beiden Brüder zu rächen. Als Atli und seine Männer von der Schlangengrube zurückkehrten und sich zu einem Gelage niederließen, tischte sie ihnen Speise und Trank auf. Mit bitterem Hohn sagte sie am Ende des Mahls zu Atli: „Deine beiden Söhne Erp und Eitil wirst du nie mehr wiedersehen, nie mehr werden sie zu deinen Füßen sitzen, nie mehr wirst du dich an ihren Waffenspielen erfreuen. Ich habe sie getötet, und du hast soeben von ihrem Fleisch gegessen!"

Unter den Hunnen im Saal erhob sich darauf große Unruhe und lautes Wehklagen. Alle beweinten die beiden Königssöhne. Gudrun öffnete die königlichen Schatzkammern und ließ alles Gold und Geschmeide unter die Krieger verteilen, um ihren Kummer zu beschwichtigen. Atli aber war so betrunken, daß er dies alles geschehen ließ, ohne einzugreifen.

Dann nahm Gudrun blutige Rache an Atli.

Zuletzt zündete Gudrun die Königsburg an. Alle, die sich darin befanden, wurden ein Raub der Flammen.

Hier ist die Geschichte zu Ende. Gudruns Rache für ihre Bruder ist ohne Beispiel; keine Frau hat es ihr je gleichgetan.

IV. Nibelungenlied und Ritterzeit

Ritterliches Leben um 1200

Tristans Schwertleite

Seinen Gesellen gleich an Reichtum und Schmuck der Kleidung, ging Tristan mit ihnen zum Hof und zum Kampfplatz. Aber nur in den von Menschenhänden genähten Gewändern glich er ihnen. Jenes angeborene Kleid, das von der Herzenskammer ausgeht, das man edle Gesinnung nennt und was des Mannes Leib und Leben adelt, war bei den Herren und den Gesellen gar ungleich. In diesem Sinne trug der hochgemute und ehrliebende Tristan ganz besonderes Gewand. An schönen Bewegungen, zierlichem Benehmen, an guten Sitten und Tugenden überragte er alle weit.

So kamen sie zum Münster, hörten die Messe und empfingen den Segen. Marke trat dann zu seinem Neffen Tristan, gürtete ihn mit dem Schwert, legte ihm die Sporen an und sprach: „Sieh, Neffe, nun ist dein Schwert gesegnet, und du bist Ritter geworden, nun denke an ritterliche Ehre und an das, was du bist: Deine Geburt und dein Adel seien dir vor Augen, sei demütig und ohne Falsch, wahrhaft und wohlgezogen, sei gütig gegen die Armen und hochgesinnt gegen die Reichen. Halte dich schmuck und würdig. Ehre und minne alle Frauen. Sei freigebig und getreu, denn nicht Gold und Zobelpelz zieren Speer und Schild so wie Treue und Freigebigkeit." Hiermit bot er ihm den Schild dar, küßte Tristan und sprach: „Nun Glück auf, Neffe! Möge dir die Kraft Gottes Heil zu deiner Ritterschaft geben! Sei immer höfisch und fröhlich!"

Nun tat Tristan seinen Gesellen die gleichen Dienste, die ihm sein Oheim erwiesen; er gab ihnen Schwert, Sporen und Schild und legte ihnen mit verständigen Worten Demut, Treue und Freigebigkeit ans Herz. Dann wurden der Buhurt und andere Spiele geritten. Wie sie sich auf dem Kampfplatz tummelten, ihre Lanzen verstachen und wie viele sie zerbrachen, das sollen die Knaben sagen, die die Reste zusammentragen halfen. Ich mag nicht wie ein Herold all ihr Buhurtieren beschreiben, nur will ich ihnen aus willigem Herzen wünschen: Mögen sie alle reich an Ehren werden, und gebe ihnen Gott zu ihrer Ritterschaft ein ritterliches Leben!

Bote = Herold Buhurtieren = Ritterspiel

Ritterliche Erziehung

Gewöhnlich begann für die Jungen mit sieben Jahren der „Ernst des Lebens". Zu diesem Zeitpunkt setzte nämlich die Erziehung für den eigentlichen Beruf ein. Das konnte aber in einer ritterlichen Familie nichts anderes sein als die Vorbereitung auf den ritterlichen Stand und auf die Aufgaben als Krieger. So kam es also – im Gegensatz zu heute – weniger darauf an, wenigstens ein gewisses Maß an Wissen zu vermitteln, sondern auf praktische Fähigkeit und Gewandtheit im Waffenhandwerk und die Hinführung zu höfischem Betragen.

„Höfisch", das ist das Zauberwort; der königliche oder fürstliche Hof und das Leben dort galten als das Ideal, das man anstreben sollte. Dort wurde die feine Sitte gepflegt, im Gegensatz zum Dorf, der Stätte flegelhafter Manieren und tölpelhaften Wesens. [...]

Mußten die Jungen und Mädchen „Zucht" lernen, so umfaßt dieser Begriff die Erziehung zur Sittlichkeit, Bescheidenheit, Selbstbeherrschung und zu äußeren feinen Sitten. [...]

Zum guten Umgang gehörten auch die Kenntnis der höfischen Spiele, ein wenig Musik und nicht zuletzt Sprachkenntnisse, vor allem des Französischen. Die französische Gouvernante ist nicht etwa erst eine Erfindung der vornehmen Familien des 19. Jahrhunderts, denn schon siebenhundert Jahre früher pflegte man in Deutschland Franzosen als Kindererzieher zu engagieren. Es konnte durchaus vorkommen, daß ein Ritter zwar nicht schreiben, aber französisch sprechen konnte.

Überhaupt ist das Schreiben und das Lesen nicht gerade der Ritter Fach gewesen. Natürlich erlernten manche Kna-

Ritterliches Paar

ben und Mädchen das Schreiben, indem sie auf kleinen Wachstäfelchen die Buchstaben mit dem Griffel nachritzten, aber nur die wenigsten haben es in dieser Kunst weit gebracht. Vor allem bei den Männern gab es zahlreiche Analphabeten. [. . .]

Bei den Frauen war es, was die Allgemeinbildung betraf, etwas besser bestellt. [...]

Wenn die jungen Mädchen auch in den Wissenschaften genauso erzogen wurden wie die Knaben und diese zumeist, wie wir eben hörten, in ihren Kenntnissen übertrafen, so bereiteten sie sich doch oft fleißig auf ihren Beruf als zukünftige Hausfrauen vor und erlernten das Nähen, Spinnen und das Anfertigen feiner Handarbeiten. Man konnte nicht einfach zum Schneider gehen und sich einen Anzug anfertigen lassen. Männer- wie Frauenkleidung mußten von der Burgherrin, ihren Mädchen und den Mägden selbst genäht werden. So ist es durchaus verständlich, wenn die Mädchen daheim in allen diesen weiblichen Künsten sorgfältig ausgebildet oder sogar an einen größeren Hof geschickt wurden, um dort auf ihre Hausfrauenpflichten vorbereitet zu werden. Sie gehörten dort zum Gefolge der Fürstin und begleiteten diese auf ihren Wegen, da es als unschicklich galt, daß eine Dame allein ausging. Im übrigen wurden die Mädchen sehr streng gehalten und trafen nur selten mit den Männern zusammen. [...]

Auch von der Heilkunst sollten die Frauen etwas verstehen, kam doch später oft genug einmal der Gemahl von einem Turnier oder aus dem Kampf zerschunden und zerschlagen nach Hause. Dann mußte rasch eine Hilfe zur Hand sein. Daß in einer Zeit, da Frauen auch häufig auszureiten pflegten, Mädchen wie Knaben mit Pferden umzugehen lernten, muß wohl nicht besonders hervorgehoben werden. [...]

Wie bei den Knaben wurde auch bei den Mädchen viel Wert auf das Erlernen der höfischen Anstandsregeln gelegt. So galt es für unschicklich, mit großen Schritten einherzugehen, umgekehrt durfte ein Mädchen auch nicht trippeln; den Blick mußte es gesenkt halten, es sollte ja nicht einen fremden Mann anblicken oder ihn gar zuerst ansprechen. Lautes Sprechen oder Lachen ziemte sich ebenfalls nicht. [...]

Für den Knaben begann schon in frühester Jugend die Erziehung zum Waffenhandwerk. Wenn es der Vater dabei irgendwie ermöglichen konnte, vertraute er den Jungen einem befreundeten Ritter an. [...]

Der Knabe mußte sich daran gewöhnen, Strapazen und Entbehrungen zu ertragen. Er lernte Reiten, Laufen, Klettern, Schwimmen, Springen und, vor allem, mit den Waffen umzugehen. Anfangs diente ihm als Waffe wohl ein hölzernes, später ein stumpfes Schwert, das sogenannte „Schirmschwert". Auch Ringen mußte er lernen, um den Gegner beim Kampf unterlaufen und so besiegen zu können. [...] Schließlich gehörte noch das Üben mit der Lanze zur Ausbildung, wobei die Jungen entweder mit stumpfen Waffen einem Gegner entgegentraten oder, wie man es vor allem in Frankreich zu tun pflegte, mit spitzen Lanzen zu Pferd gegen Panzer und Schild anrannten, die an einem starken Pfahl befestigt waren. Hatte der Knabe einmal die nötige Geschicklichkeit im Einzelkampf erlangt, übte er mit den Gefährten zusammen und lernte, mit ihnen gemeinsam zu reiten und zu kämpfen, um einmal an den großen Turnieren oder später im Krieg auch zusammen mit den anderen angreifen zu können.

Mit zwölf Jahren wurden die Knaben auch schon an größere Höfe geschickt. Dort setzten sie ihre Waffenübungen fort, hatten aber noch andere Dienste zu verrichten, wie etwa Gäste zu empfangen, bei Tisch zu bedienen oder ihren Herrn zu begleiten. Sie hießen dann Knappen und standen unter der Aufsicht eines älteren und erfahrenen Genossen, des Meisterknappen. Diese Knappen mußten sogar mit in den Krieg ziehen, durften aber noch nicht mit dem Schwert kämpfen, sondern erhielten als Waffe eine eisenbeschlagene Keule. Ihre Ausbildung endete mit dem Tag ihrer Schwertleite. Aus dem Knaben war ein Mann geworden, den der Herr für seine treuen Dienste belohnte und der nun in feierlicher Form Aufnahme in die Gemeinschaft der Ritter fand.

Ritterliche Feste: Der Mainzer Hoftag von 1184

Wegen der großen Menschenmenge, die zu diesem Fest herbeiströmte, hatte der Kaiser auf den Wiesen von Mainz auf dem rechten Rheinufer seine und aller Fremden Zelte aufschlagen und große Notbauten errichten lassen. Aus

Kirche: Pastor, Bischof, Abt

dem ganzen Reiche nördlich der Alpen war zu diesem Hoftag eine solche Menge von Fürsten, Erzbischöfen, Bischöfen, Äbten, Herzögen, Markgrafen, Pfalzgrafen, Edelleuten und Dienstmannen erschienen, daß nach einer glaubwürdigen Schätzung siebzigtausend Ritter zugegen waren, wozu dann noch die Kleriker und Leute aus den verschiedensten Ständen kamen.

Am heiligen Pfingsttage trugen der Herr Friedrich, Kaiser der Römer, und seine Gemahlin, die Kaiserin, mit großer Feierlichkeit Kaiserkronen und ihr Sohn, König Heinrich, die Königskrone.

Am Pfingstmontag wurden Heinrich, König der Römer, und der Schwabenherzog Friedrich, beides Söhne des Kaisers Friedrich, zu Rittern geschlagen. Diese Ehrung veranlaßte diese sowie alle Fürsten und viele Edelleute, den Rittern, Gefangenen, solchen, die das Kreuz genommen hatten, Spielleuten, Gauklern und Gauklerinnen reiche Geschenke zu übergeben: Pferde, kostbare Kleider, Gold und Silber. Die Fürsten taten dies nicht bloß zur Ehre des Kaisers und seiner Söhne, sondern sie spendeten auch, um ihren eigenen Ruhm weitum bekanntzumachen.

Am Pfingstmontag und Pfingstdienstag begannen die Söhne des Kaisers nach dem Morgenmahl das Turnier, an dem sich schätzungsweise zwanzigtausend oder mehr Ritter beteiligten. Die Turniere wurden ohne eigentlichen Kampf abgehalten, die Ritter ergötzten sich bloß am Schild-, Lanzen- und Fahnenschwingen sowie an ihrer Reitkunst. Auch der Herr Kaiser tat mit, und wenn er auch in Größe und Schönheit nicht alle übertraf, so führte er doch seinen Schild am besten.

Zu diesem Hoftag waren, wie schon erwähnt, siebzigtausend Ritter erschienen, zumal schon die bedeutendsten Fürsten eine große Zahl herbeigeführt hatten: der Herzog von Böhmen zweitausend, der Herzog von Österreich fünfhundert, der Herzog von Sachsen siebenhundert, der Pfalzgraf bei Rhein tausend oder mehr, der Erzbischof Konrad von Mainz, ein Vetter des Kaisers, tausend, der Erzbischof Philipp von Köln eintausendsiebenhundert, der Erzbischof von Magdeburg sechshundert, der Abt von Fulda fünfhundert, dazu kamen dann noch die übrigen Fürsten.

Was soll ich von der Fülle, ja dem Überfluß der Lebensmittel sagen, die hier aus aller Herren Ländern zusammengetragen waren: Die Menge ist kaum zu beschreiben. Da war ein Vorrat an Wein wie beim Gastmahl des Ahasverus, ohne Maß nach jedermanns Bedürfnis und Belieben wurde daraus geschöpft. Damit man sich aber von diesen Vorkehrungen eine Vorstellung machen kann, will ich von einer, der geringsten, erzählen. Es waren da zwei große, innen geräumige Häuser errichtet, überall mit Sitzstangen ausgerüstet, die vom Gipfel bis zum Fußboden so mit Hähnen und Hühnern angefüllt waren, daß niemand in sie einzudringen vermochte; das erregte allgemeine Verwunderung, denn man glaubte, daß es kaum auf der ganzen Welt so viele Hühner gäbe.

Bericht von einem Turnier

Am Montag bei Tagesanbruch diente man Gott und hörte die Messe hier und dort singen. Dann entstand in den Gassen überall ein großes Gedränge von den Knechten. Der Lärm der Posaunen, Flöten, Hörner und Trommeln war groß. Die Herolde freuten sich und riefen überall aus: „Zieht aus, edle Ritter, zieht mutig aus, die Boten der Frauen sehen es, zieht freudig auf das Feld, dort liegt der Preis für die Liebenden." Mit Schall zogen wir aus der Stadt. Jeder Anführer der Rotten bat die Seinen, eifrig achtzugeben; er sprach: „Wenn wir heute zueinander halten, können wir wahrlich Ehre erringen, laßt euch nicht unterkriegen."

Als die Ritter auf dem Felde waren, bot das einen herrlichen Anblick, man sah die reichen lichten Banner, die Speere nach dem Wunsch der Ritter verschieden bemalt, die Helme prächtig geschmückt. Die blitzenden Helme, die schimmernden Schilde blendeten manchen so, daß er kaum etwas sehen konnte, die leuchtenden Farben der Rüstungen wetteiferten mit der Sonne.

Da ritten die Rotten aufeinander zu, und als sie kaum Rosselaufes weit auseinander waren, kam die Zeit für den Kampf. Man gab den Rossen die Sporen, zu kräftigem Stoß sprengten die Ritter aufeinander los, Mann und Roß sah

Ritterliches Kampfspiel

Preisverleihung bei einem Turnier

man stürzen. Mächtig krachten die Speere, heftig stießen die Schilde aneinander, davon schwollen die Knie. Beulen und Wunden von den Speeren gab es genug, die Panzerringe bereiteten Schmerzen, und manches Glied war verrenkt. Die Ritter drängten hin und her und versuchten, den Gegner zu Fall zu bringen. Mancher Helm brach ab, dort drängten sich die Ritter um einen, der gefangen werden sollte. Klingend schlugen Schwerter auf Helme. Viele Schilde zerbrachen von den heftigen Stößen.

Das Turnier war wirklich gut. Manch hochgemuter Ritter durchbrach mit einem Stoß den Haufen. Man verstach viele große Speere, und wer durch sie zu Boden gefällt wurde, der litt viel Schmerzen durch Tritte. Man verstach wohl tausend Speere, so mancher Ritter wurde Gefangener, an hundertfünfzig gute Ritter verloren ihre Pferde. Des einen Verlust war des anderen Gewinn; so ging der Tag mit Kämpfen hin. Mancher nahm müde den Helm ab, andere turnierten noch so, als ob sie gerade erst begonnen hätten, ihnen dünkten der Tag und das Turnier zu kurz. So gingen die Meinungen auseinander, die einen wollten weiterkämpfen, die anderen waren ganz erschöpft.

Das Turnier dauerte den ganzen Tag, niemand tat etwas anderes, wie früh man auch begonnen hatte, nun senkte sich der Abend nieder. Wir banden die Helme ab und zogen alle in die Stadt, jeder in seine Herberge. Da waren für die Ritter schöne Bäder gerüstet, mancher wurde vor Müdigkeit ohnmächtig, hier verband man den einen, dort salbte man den andern, dem dort die Arme, dem hier die Knie. Mancher fiel um vor Schlaf, den anderen quälten die Gedanken: Wie habe ich heute abgeschnitten?

Dann kam der nächste Tag. Da mußten alle Gefangenen zu den Juden gehen und mußten allerlei köstliche Pfänder versetzen. Wer aber etwas gewonnen hatte, der war froh und hochgemut.

V. Zur Entstehung und Überlieferung des Nibelungenliedes

Das Nibelungenlied wurde etwa um 1200 geschrieben. Wir wissen nicht, wer es verfaßt hat. Wegen der großen Bildung und Belesenheit, die der Dichter beweist, könnte er ein Mann der Kirche gewesen sein, vielleicht war er aber auch ein Ritter. Wie seine Ortsbeschreibungen zeigen, scheint er sich im Raum um Passau besonders gut auszukennen; wir vermuten deshalb, daß er aus dieser Gegend stammt oder zumindest hier gelebt hat.

Das Nibelungenlied erfreute sich in der Ritterzeit größter Beliebtheit und wurde deshalb in zahlreichen Handschriften kopiert. Mit dem Ende der Ritterzeit erlosch das Interesse an dieser Art von Geschichten. So war das Nibelungenlied im 17. Jahrhundert gänzlich unbekannt.

Erst im 18. Jahrhundert begann man sich wieder für diese Geschichten aus alter Zeit zu interessieren und forschte nach den alten Handschriften, die an unbekannten Orten verstaubten. 1755 wurde die Handschrift C in Schloß Hohenems in Vorarlberg entdeckt, kurz danach die beiden anderen.

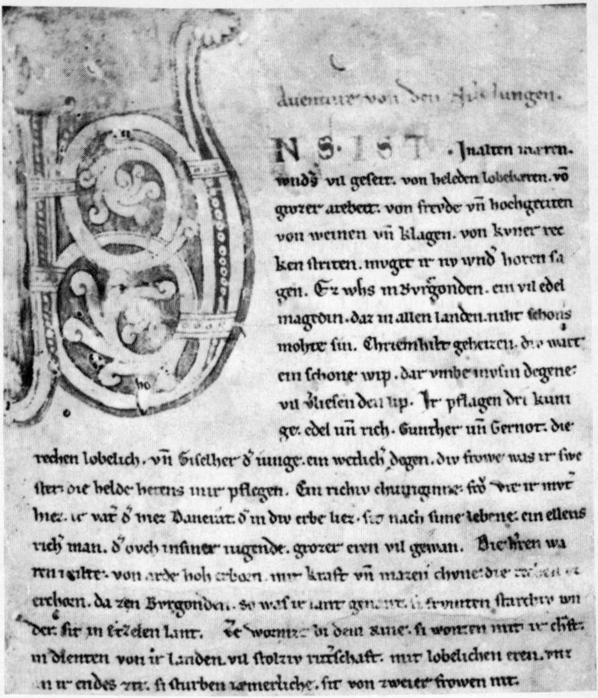

aventiure von den Nibelungen.

VNS IST in alten maeren.
wnd's vil geseit. von heleden lobebæren. vō
grozer arebeit. von frevde vn̄ hochgeziten
von weinen vn̄ klagen. von kvner rec
ken striten. mvget ir nv wnd' horen sa
gen. Ez whs in Bvrgonden. ein vil edel
magedin. daz in allen landen. niht schon's
mohte sin. Chriemhilt geheizen. div wart
ein schone wip. dar vmbe mvsin degene:
vil vliesen den lip. Ir pflagen dri kuni
ge. edel vn̄ rich. Gunther vn̄ Gernot. die
rechen lobelich. vn̄ Giselher d' iunge. ein werlich' degen. div frowe was ir swe
ster. die helde hetens in ir pflegen. Ein richiv chuniginne. fro Vte ir mvter
hiez. ir vat' d' hiez Dancrat. d' in div erbe liez. sit nach sime lebene. ein ellens
rich' man. d' ovch in siner iugende. grozer eren vil gewan. Die herren wa
ren milte. von arde hoh erborn. mit kraft vn̄ maze chvne. die rechen vz
erkorn. da zen Bvrgonden. so was ir lant genant. si frvmten starchiv wn
der. sit in Etzelen lant. Ze wormze bi dem Rine. si wonten mit ir chraft.
in dienten von ir landen. vil stolziv ritterschaft. mit lobelichen eren. vnz
an ir endes zit. si sturben iemerliche. sit von zweier frowen nit.

Faksimiledruck

1. ÂVENTURE

Uns ist in alten mæren wunders vil geseit
von helden lobebæren, von grôzer arebeit,
von fröuden, hôchgezîten, von weinen und von klagen,
von küener recken strîten muget ír nu wunder hœren sagen.

Ez wuohs in Búrgónden ein vil édel magedîn,
daz in allen landen niht schœners mohte sîn,
Kriemhilt geheizen: si wart ein scœne wîp.
dar umbe muosen degene vil verliesén den lîp.

Der minneclîchen meide triuten wol gezam.
ir muoten küene recken, niemen was ir gram.
âne mâzęn schœne sô was ir edel lîp.
der juncvrouwen tugende zierten ándériu wîp.

Îr pflâgen drîe künege edel unde rîch,
Gunther unde Gêrnôt, di recken lobelîch,
und Gîselher der junge, ein ûz erweeter degen.
diu frouwe was ir swester, di fürsten hetens in ir pflegen.

Die herren wâren milte, von arde hôh erborn,
mit kraft unmâzen küene, di recken ûz erkorn.
dâ zen Búrgónden sô was ir lant genant.
si frumten starkiu wunder sît in Étzélen lant.

Ze Wormez bî dem Rîne si wonten mit ir kraft.
in diente von ir landen vil stolziu ritterscaft
mit lobelîchen êren unz an ir endes zît.
si stúrben sît jǽmerlîche von zweier edelen frouwen nît.

Tips zum Weiterlesen

Wer noch mehr von Helden und Rittern erfahren möchte, sei auf die folgenden Titel hingewiesen, die es zum Teil als preiswerte Taschenbuchausgaben gibt; die Bücher kann man zumeist auch in den städtischen Bibliotheken (Jugendbüchereien) entleihen.

1. Deutsche Heldensagen

Gretel und *Wolfgang Hecht* (Hrsg): Deutsche Heldensagen. dtv junior, Bd. 7906.
Deutsche Heldensagen. Nacherzählt von *Gretel* und *Wolfgang Hecht.* Insel-Verlag, ^{2}1970.
Deutsche Heldensagen. Hrsg. von *Edmund Mudrak.* Enßlin & Laiblin Verlag, 1955.

Neben neuen Helden können wir in diesen Sagen auch Gestalten, die wir schon kennen – Dietrich von Bern, Hagen, König Etzel –, in weiteren Abenteuern erfahren. Einzelne dieser Sagen hat Auguste Lechner ausführlicher erzählt:

Auguste Lechner: Die geraubte Königstochter. Die Geschichte vom wilden Hagen, der schönen Hilde und Gudrun. Tyrolia-Verlag, 1967.
Auguste Lechner: Herr Dietrich reitet. Die Abenteuer Dietrichs von Bern. Tyrolia-Verlag, 1953.
Auguste Lechner: Die Wolfdietrichsage. Tyrolia-Verlag, 1981.

Weitere Heldentaten von Siegfried und die bekanntesten deutschen Volkssagen, wie z. B. die „Sage von Genovefa", „Robert der Teufel", „Die schöne Magelone" u. a., enthält das Buch von
Gustav Schwab: Deutsche Volks- und Heldensagen. Loewes Verlag, 1958.

2. Mittelalterliche Rittersagen

Gerhard Aick: Rittersagen des Mittelalters. Ueberreuter Verlag, 1963.
Richard Carstensen: Rittersagen des Abendlandes. Boje-Verlag, o. J.

Einzelne dieser Rittersagen liegen wieder in Nacherzählungen von Auguste Lechner vor:

Auguste Lechner: Jenseits des goldenen Nebels. Herzog Ernsts seltsame Abenteuer im Morgenland. Tyrolia-Verlag, 1965.
Auguste Lechner: Parzival. Arena Taschenbuch Nr. 1353.
Käthe Recheis: König Arthur und die Ritter der Tafelrunde. dtv junior, Bd. 7361.

3. Heldensagen anderer Völker

Hans Baumann: Heldensagen aus aller Welt. dtv junior, Bd. 7910.
Richard Carstensen: Griechische Sagen. dtv junior, Bd. 7904.
Richard Carstensen: Römische Sagen. dtv junior, Bd. 7905.
Auguste Lechner: Ilias. Als Troja fiel. Arena Taschenbuch Nr. 1369.
Auguste Lechner: Die Abenteuer des Odysseus. Arena Taschenbuch Nr. 264.

4. Zur Ritterzeit

Heinrich Pleticha: Ritter, Burgen und Turniere. Das Bilderbuch von der hohen Zeit des Rittertums. Arena-Verlag, ^{4}1969.

Textquellenverzeichnis

S. 156: Die Sage vom Drachenhort, aus: Gustav Neckel, Germanische Sagen, Frankfurt (Diesterweg 1926)

S. 159: Wie Brunhilde erlöst wurde, aus: Deutsche Heldensagen, erzählt von Eugen Heberle, Heidelberg/München (Keysersche Verlagsbuchhandlung), S. 57–59

S. 161: Siegfrieds Ermordung (Das Alte Sigurdlied), Nacherzählung aus: Edda, Bd. 1, Sammlung Thule, Düsseldorf (Eugen Diederichs) ^{2}1963, S. 38–43

S. 174: Zur Geschichte der Burgunder, Originalbeitrag von Isolde Schnabel, Stuttgart 1983. Anschrift: Isolde-Kurz-Str. 53, 7000 Stuttgart 75

S. 175: Attila (Lexikonartikel) aus: Brockhaus Enzyklopädie, Bd. 2, Wiesbaden (C. F. Brockhaus) 1967, S. 44

S. 175: Attila aus der Sicht eines byzantinischen Geschichtsschreibers, aus: Franz Altheim, Die Geschichte der Hunnen, Bd. IV, Berlin (Walter de Gruyter) 1959/62, S. 272

S. 176: Der Gote Jordanes über die Hunnen, aus: Heinz Dieter Schmid, Fragen an die Geschichte Bd. 7, Frankfurt (Hirschgraben), S. 158

S. 177: Der Römer Ammianus Marcellinus um 390 über die Hunnen, aus: Heinz Dieter Schmid, Fragen an die Geschichte, Bd. 1, Frankfurt (Hirschgraben), S. 158

S. 177: Die Schlacht auf den Katalaunischen Feldern, aus: Helmut Berndt, Die Nibelungen, Oldenburg und Hamburg (Stalling) 1978, S. 47–49

S. 179: Attilas Tod, aus: Wolfgang Kleinknecht/Herbert Krieger, Materialien für den Geschichtsunterricht: Das Mittelalter, Frankfurt (Diesterweg) 1972, S. 23 (gekürzt)

S. 180: Der Untergang der Burgunder im Alten Atlilied, Nacherzählung aus: Edda, Bd. 1, Sammlung Thule, Frankfurt (Eugen Diederichs) ^{2}1963

S. 183: Tristans Schwertleite, aus: Heinrich Pleticha, Ritter, Burgen und Turniere, Würzburg (Arena) ^{4}1969, S. 14ff

S. 184: Ritterliche Erziehung, aus: Heinrich Pleticha, Ritter, Burgen und Turniere, Würzburg (Arena) ^{4}1969, S. 61–65

S. 187: Ritterliche Feste: Der Mainzer Hoftag von 1184, aus: Heinrich Pleticha, Ritter, Burgen und Turniere, Würzburg (Arena) ^{4}1969, S. 81

S. 189: Bericht über ein Turnier, aus: Heinrich Pleticha, Ritter, Burgen und Turniere, Würzburg (Arena) ^{4}1969, S.

S. 195: Das Nibelungenlied (Auszüge), zitiert nach der Ausgabe von Karl Bartsch, hg. von Helmut de Boor, 18. Aufl., Wiesbaden (F. A. Brockhaus) 1965, S. 1/2 und S. 370/371

Bildquellenverzeichnis

S. 61: Das Domportal in Worms, Foto: Isolde Schnabel, Stuttgart 1983

S. 151: Kämpfende Ritter, in: Hans Ebeling / Wolfgang Birkenfeld, Die Reise in die Vergangenheit, Band 2, Braunschweig (Westermann) 1975, S. 43

S. 155: Siegfriedbrunnen in Worms, in: Werner Huber, Auf der Suche nach den Nibelungen, Gütersloh (Paesent Verlag Heinz Peter) 1981, S. 55. Fotos v. Michael Göök

S. 164: Was man in Worms finden kann (Bildcollage): Isolde Schnabel, Stuttgart 1983

S. 166: Stadtplan von Worms, Verkehrsverein der Stadt Worms, 1983

S. 167: Der Siegfriedbrunnen in Odenheim, in: Werner Huber, Auf der Suche nach den Nibelungen, Gütersloh (Paesent Verlag Heinz Peter) 1981, S. 37. Fotos v. Michael Göök

S. 168: Erinnerungen an die Nibelungen (Bildcollage): Isolde Schnabel, Stuttgart 1983

S. 170: Karte vom Odenwald, in: Helmut Berndt, Die Nibelungen, Oldenburg und Hamburg (Verl. Gerhard Stalling) 1978, S. 90/91

S. 171: Die Etzelburg, in: Helmut Berndt, a.a.O., S. 211

S. 172: Weg der sagenhaften Burgunder/Nibelungen, in: Helmut Berndt a.a.O., Vorsatz

S. 185: Ritterliches Paar, in: Minnesinger in Bildern der Manessischen Liederhandschrift, hg. v. Walter Koschorreck, it 88, S. 41, Frankfurt 1974

S. 190: Ritterliches Kampfspiel, in: Hans Ebeling/ Wolfgang Birkenfeld, S. 47. Originalrechte Universitätsbibl. Heidelberg

S. 191: Preisverleihung bei einem Turnier, in: Hans Ebeling / Wolfgang Birkenfeld, a.a.O., S. 49. Originalrechte Universitätsbibl. Heidelberg

S. 194: Faksimildruck der Nibelungenhandschrift, 1. Seite, in Huber/Göök, a.a.O., (Bildrechte bei Georg Goerlipp, Donaueschingen)